전도에서 정착까지 청소년 사역의 모든 것

어?되네! 청소년 전도

문근식 지음

좋은씨앗

어? 되네! 청소년 전도

초판 1쇄 발행 | 2012년 1월 15일
초판 2쇄 발행 | 2014년 1월 6일
지은이 | 문근식
펴낸이 | 신은철
펴낸곳 | 좋은씨앗
출판등록 | 제4-385호(1999. 12. 21)
주소 | (137-860) 서울시 서초구 효령로 77길 20, 212호(서초동, 현대ESA)
편집부 | 전화 (02)2057-3043
영업부 | 전화 (02)2057-3041   팩스 (02)2057-3042
www.gsbooks.org

ⓒ 문근식, 2012

ISBN 978-89-5874-180-0 03230   Printed in Korea

세상 그 누구보다 아들을 아끼고
사랑해주시는 아버님과 어머님께,
기도로 후원해주시는 장인 장모님께,
주님께서 주신 가장 소중한
선물인 아내와 딸 해빈이에게,
이 책의 출간을 자기 일처럼 기뻐하며
지대한 도움을 아끼지 않은 이재욱 목사에게,
사역의 기회를 주고 기쁨으로 동역해주신
성서교회와 가슴 속에 별이 되어
빛나고 있는 모든 제자들에게…

감사합니다. 사랑합니다.
이 책은 여러분이 쓰신 것입니다.

 추천사

　청소년 사역은 책상이 아니라 현장에서 이루어진다. 그래서 청소년을 향해 달려가야 하고 그들의 마음을 함께 느껴야 한다. 오랫동안 현장에서 뛰며 아이들과 함께 가슴으로 사역해온 문근식 목사는 내가 아끼는 진짜 청소년 사역자다. 특별히 그에게는 불신 청소년들에게 복음을 잘 전하는 놀라운 달란트가 있다. 남들에게 강의로 설명하는 재주도 탁월하다. 소수의 사람들만 그 강의를 듣는 것이 항상 아쉬웠고, 언제고 그가 그 노하우를 한국 교회 앞에 나누기를 바랐다. 그 결과물이 이 책이다. 현장에서 가슴으로 쓴 이 글을 통해 한국 교회 청소년 사역에 새로운 전도의 바람이 일어나길 기도한다.

홍민기 브리지임팩트사역원 대표, 호산나교회 담임 목사

　문근식 목사는 '미련한' 사람이다. 복음으로 아이들을 사랑하는 외길만 걸어온 '바보' 같은 사람이다. 서울 변두리의 작은 교회에서 함께 중고등부 아이들을 돌보면서 나는 그가 아이들을 이해하고 품기 위해 낮은 곳으로 내려앉았던 삶의 여정을 알고 있다. 그로 인해 행복해하던 아이들의 웃음을 기억한다. 더 높고 화려한 길에 대한 알뜰한 유혹도 자신이 품은 아이들에 대한 책임감으로 그는 거절했다. 그는 지금도 여전히 아이들 곁에서 젊음을 '낭비'하며 살고 있다. 나는 그런 '낭비'를 사랑한다. 그가 책을 냈다. 아이들을 사랑하는 마음, 아이들을 일으켜 세웠던 수많은 경험이 녹아들어간 글. 이 책을 읽고 문 목사와 같은 사람들 수백 수천이 생긴다면 얼마나 좋을까? 아이들은 얼마나 행복할까? 진작 나왔어야 할 책이다.

송인수 사교육걱정없는세상 공동대표, 전 좋은교사운동 대표

한국 교회의 신앙은 세대간의 단절이 심각하고 복음 전수 자체를 고민하고 있는 실정이다. 새로 복음을 들어야 할 청소년들의 전도가 특히 그렇다. 이미 발등에 떨어진 불이 되었다. 그러나 궁하면 통한다고 하나님께서 이 땅에 불을 끌 사역자 여럿을 보내실 것이라고 믿는다. 그리고 내가 아는 한 문근식 목사는 발등에 떨어진 불을 여유 있게 끌 줄 아는 사역자다. 의정부에서 같이 사역할 때 보면, 그의 눈은 항상 소외된 아이들을 향해 있었다. 어찌 보면 열매 없을 게 뻔한 아이들과 함께 호흡하며 행복해했다. 어쩌면 전도란 열매에 마음을 두지 않아야 열매 맺는 것일지도 모른다. 그는 마음을 줌으로써 모든 아이들의 마음을 빼앗은 사역자다. 그가 했듯이 세상 문화에 뺏긴 아이들의 마음을 도로 찾아오는 한국 교회가 되었으면 좋겠다.

이기봉 명지중학교 교목

전도, 교회에서 가장 많이 사용하면서도 가장 낯선 단어가 되었다. 청소년 전도는 더욱 그러하다. 해보자는 외침은 있으나 속수무책이다. 문근식 목사는 우리 교회에 처음 왔을 때 전도에 대해선 한 마디도 하지 않았다. 대신에 아이들 속으로 들어가 사랑하고 섬기는 모습을 보여주었다. 불량기 있는 아이들을 모아서 '양떼 예배'를 만든다고 했을 때 모두가 걱정했다. 그러나 그는 그것을 구호 한 번 외치지 않고 해냈다. 체격만큼이나 넓은 가슴으로 아이들을 하나하나 품으며 그 일을 해냈다. 아무리 불량스런 아이들도 그의 품안에 녹아들어 갔다. 그제서야 우리 모두는 깨달았다. '아, 저것이 청소년 전도로구나.' 이 책은 바로 그런 나의 마음, 우리의 생각, 모두의 소망을 잘 표현하고 있다.

김광철 성서교회 담임 목사

| 들어가는 글 |

과부의 두 렙돈을
받은 자들에게

가끔 나에게 이런 말로 격려하는 분들이 있다.
"목사님은 하늘에서 상 받으실 게 많을 거예요."
그러나 우리는 지상에서도 상을 자주 받는다. 너무 자주 받다보니 천국에 받을 게 남아 있을까 싶어 걱정스럽기도 하다. 그래도 이런 말을 들을 때마다 어떤 상이 남아 있을까 한 번씩 생각해보기는 한다. 나에게 가장 감격스러웠던 선물은 2만 원이 든 봉투였다. 큰돈도 아닌 2만 원이 내게 평생 못 잊을 감동을 준 이유가 있다.
2003년, 나는 약수동에 위치한 S교회 중고등부 전도사로 섬기고 있었다. S교회는 지리적으로는 서울 한가운데지만 경제적으로 어려운 분들이 많이 사는 동네에 있었다. 그래서 중고등부 아이들 중에는

결손 가정 아이들이 많았다. 이 아이들은 대체로 성적이 신통치 않았다. 그 가운데 중1 남학생 2명이 있었는데 1명은 부모님이 안 계셔서 할머니와 함께 살았다. 아이들의 성적은 아주 안 좋았지만 과외를 해 줄 사람이 없었다.

"아이들을 학원에 다니게 하면 어떨까요? 비싼 과외를 받는 것보다 나을 것 같은데요."

"전도사님, 애들이 학원에 가면 초등학교 4학년생과 함께 수업을 들어야 해요. 세 살이나 어린 애들과 학원 다니라면 다니겠어요?"

얼마나 기초가 없었는지 초등학생 수준이란다. 학원을 다니자니 동생들한테 자존심 상해서 싫고 과외를 받자니 돈이 없다고 했다. 그래서 내가 무료로 과외를 해주기로 했다. 어차피 내 새끼들인데 내가 가르친들 뭐가 대수랴. 먼저 어느 정도 수준인지 물었다.

"반에서 몇 등이니?"
"35등이요."
"반 애들이 몇 명인데?"
"… 35명이요."
"그럼 전교에서는 몇 등이야?"
"348등이요."
"그럼 전교생이 348명이야?"
"무슨 소리예요!! (기어들어가는 목소리로) 350명이에요."

그래도 어느 수준인지 감이 오지 않았다. 기초적인 수학 지식을 가르쳐주었다. 분수를 소수로 바꾸는 것을 가르쳤는데 0.25=1/4이라는 기본 공식이었다. 그런데 이 개념을 알아듣지 못했다. 칸 100개를 그려서 색칠을 해주는 등 20분 동안 별별 노력을 다해서 겨우 소수 0.25는 분수 1/4라는 것을 알려주었다. 이해한 줄 알고 잠시 쉬는데 뭔가 이상한 느낌이 들었다. 앞뒤를 바꿔서 다시 물어보았다.
"그럼 분수 1/4이 소수로는 얼마야?"
그랬더니 아이들 얼굴이 사색이 되었다. 한참을 끙끙거리다가 기어들어가는 소리로 말했다.

"모르겠어요."

천재는 하늘이 내려준다더니 바보도 하늘이 내려주는 것이로구나 싶었다. 하지만 어쨌거나 내 새끼들이니 제 앞가림은 하도록 가르쳐야 했다. 당시는 마침 미혼에 솔로였던 차라 시간도 넉넉했기에 아이들을 제대로 양육해보기로 했다.

토요일에 수업을 마치면 아이들은 집에서 점심을 먹은 뒤 옷을 갈아입고 교회로 왔다. 대충 2시쯤에 모이면 그때부터 교회 탁구대에서 탁구를 치며 놀아주었다. 한참 놀다가 6시쯤 되면 밥을 사 먹이고 먼저 성경을 두 장씩 읽혔다. 그러고 난 뒤에 영어와 수학 위주로 밤 10시까지 가르쳤다. 옛날 주택을 개조한 교회 교육관에 마침 쪽방이 있어서 공부를 끝내고 잠을 잘 수 있었다. 아이들에게 기도를 해주고 잠을 재웠다. 그리고 설교 마무리 등 나머지 사역을 하고 아이들과 같이 잤다. 이 과정에서 드는 밥값 등 기타 경비는 주중에 다른 과외 아르바이트를 해서 번 돈으로 썼다. 그렇게 토요일은 교회에서 아이들과 같이 6개월 이상을 보냈다.

어느 주일날 누군가 뒤에서 내 주머니에 뭔가를 넣고 얼른 달아났다. 누군가 하고 보니 내가 가르치는 학생의 할머니였다. 주머니에는 삐뚤삐뚤한 글씨로 "재송합니다"라고 쓰인 봉투가 있었다. "죄송합니다"를 잘못 쓴 듯했다. 뭐가 죄송하다는 건지 봉투를 열어보니 만 원짜리 두 장이 들어 있었다.

그것을 보는 순간 눈물이 왈칵 났다. 죄송하다는 말의 의미를 단

번에 알 수 있었다. 할머니는 생활보호대상자였고 새벽마다 박스를 주워서 생활비에 보태 쓰는 분이었다. 자기 손자를 가르쳐주는 교역자에게 감사의 인사는 드려야겠는데 차마 만 원만 줄 수는 없고 그렇다고 3만 원을 줄 처지도 되지 않아 어정쩡하게 2만 원을 넣은 것이었다. 그래서 죄송하다고 그러셨던 것 같다.

만 원짜리를 보니 얼마나 오래 가지고 있었는지 때가 끼고 꼬깃꼬깃 접었던 흔적이 역력했다. 이 2만 원을 만들기 위해서 할머니는 얼마나 많은 박스를 모으러 다녔을까 생각하니 눈물이 그치지 않았다. 생활비도 빠듯한 할머니 혼자 여윳돈 2만 원을 만들려면 얼마나 고단했을 것인가? 아픈 허리를 잡고 새벽이슬을 맞으며 차곡차곡 모은 돈을 받을 만큼 내가 값어치 있는 헌신을 했던가? 너무 황송한 나머지 그 돈을 더 이상 가지고 있을 수 없어서 즉시 본당에 올라가 헌금함에 넣고 기도했다.

"주님, 제가 무엇이길래 과부의 두 렙돈을 받게 하셨습니까?"

액수는 2만 원이었지만 2억 원을 받는다 한들 이만큼 황송할 수는 없었을 것이다. 교회를 사임하던 날 통화하면서 울먹이던 할머니의 음성을 아직도 또렷이 기억한다. 가지 말라는 말도 못하고 그저 우시던 할머니. 그 할머니를 통해 값으로 매길 수 없는 귀한 마음을 받았다.

사역자들은 바로 이런 마음을 사례로 받는 사람들이 아닌가.

천국에 아직 가보지 못했으니 거기에 무슨 상이 기다리고 있을지 알 길이 없다. 그러나 상급을 받게 된다면 '내가 무엇이라고, 나 같은 삯꾼이 뭘 잘했다고 이런 상급을 주십니까?'라는 마음이 들지 않을까? 이 마음으로 예수님 앞에 엎드려 눈물 흘릴 그날이 내게도 있었으면 좋겠다. "네 수고를 내가 아노라" 하시는 따뜻한 한 마디 음성을 들을 그날이 내게도 허락되었으면 좋겠다. 지금 이 순간에도 한 영혼을 끌어안고 숱하게 마음고생을 하며 복음을 전하는 이 땅의 모든 교사들에게 이 음성이 들리길 바란다.

추천의 글 4
들어가는 글
과부의 두 렙돈을 받은 자들에게 6

:: 첫 번째 장 **청소년 전도?
절대 어렵지 않다!**

한 영혼을 구한 자는 온 세상을 구한 것 16
잃어버린 양들을 '떼'로 만나다 25
청소년 전도, 그 오랜 고민의 날들 40
나갈 것인가, 보낼 것인가? 47
아이들에게도 남모를 비밀이 있다 54
전도 체질 개선 프로젝트 66

:: 두번째 장 **아는 만큼 쉬워지는
학교 전도**

학교 전도의 필요성 76
전도, 어떻게 시작할 것인가? 82
학교 전도 모임 실행 매뉴얼 99
전도한 아이들을 교회로 인도하기 114

:: 세 번째 장   정착이 안 된다? 이렇게 해보라!

전도만 하면 장땡인가 128
정착이 안 되는 이유 1 재미가 없다 130
대안 1 축제를 열라 133
정착이 안 되는 이유 2 예배 시간이 너무 이르다 150
대안 2 새친구 예배를 만들어주라 154
정착이 안 되는 이유 3 불신 부모가 반대한다 174

대안 3 아이와 학부모의 '다리'가 되라 175

:: 네 번째 장   마음으로 만나는 청소년 전도

관계의 중요성 184
청소년 이해하기 188
남녀는 공략법도 다르다 195
관계 맺기 가장 어려운 대상 204
편안한 관계 맺기 10계명 207

:: 다섯 번째 장   실패를 두려워하지 않는 전도자

허상에 속지 말자 222
책에 속지 말자 조지 워싱턴 전기의 불편한 진실 223
크기에 속지 말자 우리 부서는 건강한가? 229
숫자에 속지 말자 전도에도 부작용이 있다 234
부자가 3대를 못 가는 이유 241
다시 믿음의 1세대를 세우기 위하여 245

좋게 보면 거룩한 욕심이고, 나쁘게 보면 교만이었을 것이다.
빨리 변화시켜서 아이들을 전도하고, 부서를 부흥시켜야 할 텐데
그렇게 되지 못하니 스스로 낙심하고 답답해 했던 것이다.
전도는 마른 뼈를 붙잡고 우는 것'이라고 스스로 말해놓고도,
마른 뼈가 되살아나지 않으니 때려치우려 했던 것이다.
그러나 내게 주어진 사명은 결과에 상관없이
아이들을 사랑하고 위하여 기도해주는 것이었다.

:: 첫 번째 장 ::

청소년 전도? 절대 어렵지 않다!

한 영혼을
구한 자는
온 세상을
구한 것

전도에서 가장 중요한 것이 무엇이냐 묻는다면 사람마다 답이 제각각이겠지만, 나는 단연 '한 영혼을 사랑하는 것'이라고 생각한다. 그것도 대충 사랑하는 것이 아니라 기다려주면서 오래오래 사랑하는 것이다. 17년 동안 청소년 사역을 하면서 수많은 시행착오를 겪은 끝에 배운 교훈이다. 얼른 보기엔 미련한 방법 같아 보인다. 빨리빨리 전도해서 어서어서 성장시켜도 모자랄 판에 어느 세월에 한 영혼을 붙잡고 씨름하다가 부흥을 시키겠는가? 그러나 돌아보면 이것보다 빠른 길은 없었다. 빨리 성장하고픈 욕심에 작심하고 전도를 강요한 적은 수없이 많았지만 제대로 된 열매를 맺은 적은 거의 없었다. 급

히 성장하겠다는 욕심을 버리고 한 영혼을 포기하지 않고 꾸준히 사랑하면 결국 풍성한 열매를 얻게 된다. 변화된 한 아이가 10명, 20명의 역할을 해낸다. 특히 수적 성장의 욕심을 버리고 나니 열매가 맺혔다. 여러 차례 이런 경험을 겪으면서 가슴에 오래오래 남는 제자들이 있다. 그 중 가장 잊지 못할 아이는 2007년에 만난 '방석현'이라는 학생이다.

나는야 해결사 M목사

2006년 12월, 서울 신림동에 있는 D교회에 중고등부 담당으로 부임했다. 그 교회 중고등부는 10년 전만 해도 60-70명이나 되는 학생들이 있었지만 서서히 학생들이 줄어들면서 2006년에는 마침내 8명으로 떨어졌다. 처음 숫자가 30명 선으로 떨어졌을 때 모두 더 이상의 감소는 없다고 생각했다. 제직 자녀들의 수만 따져도 30명이 훨씬 넘었기 때문이다. 그러나 제직 자녀들조차 다른 교회로 떠나면서 아이들을 따라 교회를 옮기는 부모들이 생겨나기 시작했다. 옛날에는 부모를 따라 아이들이 교회를 옮기는 게 당연했는데 자녀 교육에 열정이 뜨거운 요즘은 자녀를 따라 부모들이 교회를 옮기는 일이 꽤 많이 일어나고 있다. 중고등부생이 8명까지 떨어지고 나자 결국 교인들이 당회에 "중고등부에 특단의 대책을 마련하지 않으면 우리도 모두 교회를 옮기겠다"는 협박 아닌 협박을 했다. 그래서 이 사태를 해결할 '해결사'로 내가 부임하게 된 것이다.

어쨌거나 내가 부임했을 때는 약 10여 명의 학생들만 남은 상태였다. 잘되는 집안은 오이 나무에 수박이 열린다지만 안 되는 집안은 뭘 해도 분위기가 우울하기 십상이다. 60-70명에서 10명으로 줄어버린 중고등부의 우울한 분위기란 말로 표현하기 힘들 정도였다. 10여 명이 출석했지만 예배 시작 전에 오는 아이들은 반이나 되었을까? 그나마 억지로 끌려온 아이들이라 영혼을 집에 두고 온 나무토막들 같았다. 그 나무토막들을 앉혀 놓고 예배를 드렸다. 나무토막이든 패잔병이든 어쨌거나 중고등부를 다시 일으키는 것이 내게 주어진 사명이었다. 그래서 먼저 만난 사람이 중고등부 회장인 방석현이었다. 이런 저런 이야기를 나누다가 자연스럽게 기도 제목을 물어보았는데 돌아온 대답이 가관이었다.

"목사님, 솔직히 말씀드리면 저는 하나님이 계시다는 게 믿어지지 않아요. 그래서 기도 제목을 물어보시면 드릴 말씀이 없어요."

기가 막혔다. 고작 10명 있는 애들 중에서 그나마 제일 쓸 만하다고 회장으로 뽑아 놓은 아이의 수준이 이 정도였다. 기도해본 적이 있는 아이들을 조사해보니 달랑 2명만 손을 들었다. 찬양팀은 당연히 없었다. 어디서부터 손을 대야 할지도 막막했다.

찬양 가운데 임하시는 하나님

　우선 찬양팀부터 만들기로 했다. 나의 사역 철학 중 하나가 학생 예배는 학생들이 찬양을 인도해야 한다는 것이다. 그리고 성격상 찬양과 설교 두 가지를 한 번에 못하는지라 누가 됐든 찬양 인도자를 세워야 했다. 회장 방석현 학생 말고는 다른 대안이 없었다. 우선 급한 대로 부장 집사님에게 한 달간 찬양 인도를 부탁드렸다. 그리고 일주일에 이틀씩 석현이만을 위한 제자훈련을 해가며 몇 달간의 진통 끝에 드디어 석현이를 찬양 인도자로 세울 수 있게 되었다. 토요일 저녁에 마지막으로 연습을 맞춰봤는데 끝나고 난 뒤에 이 녀석이 억장이 무너지는 소리를 했다.

　"목사님, 저를 위해서 이렇게 시간 써주신 게 너무 고맙고 죄송해서 말을 못했는데요. 저는 아직도 하나님이 안 믿어져요. 그런데 믿지도 않는 하나님을 위해 찬양을 인도하려니 양심에 찔려서 도저히 못 하겠어요."

　말 그대로 환장할 노릇이었다. 한 녀석 상대로 이렇게 애를 썼건만 이래도 되는 건가 싶었다. 잠시 고민하다가 나는 이렇게 얘기해주었다.

　"석현아, 찬양 인도자에게 제일 중요한 것은 정직함이야. 너 솔직히 하나님이 안 믿어진다고 했지?"

　"예, 죄송해요."

"그렇지만 너 하나님 만나고는 싶지?"

"예, 만나고 싶어요."

"그럼, 있는 그대로 내일 고백해. 네 솔직한 심정을 나누는 거야. '여러분, 저는 아직 하나님을 만나지 못했습니다. 하지만 찬양 중에 임하신다는 하나님을 만나고 싶습니다. 여러분도 저와 같은 마음으로 찬양하면 좋겠습니다.' 이렇게 멘트를 써서 해봐."

석현이는 정말 가르쳐준 그대로 토씨 하나 안 바꾸고 찬양 인도를 했는데 이것이 소위 대박이 났다. 교사들이 먼저 눈물 흘리며 회개하기 시작했고 아이들 상당수도 눈물로 예배를 드리는 것이었다. 진짜 놀라운 것은 그렇게 찬양 인도를 하더니 몇 달 만에 석현이가 정말로 하나님을 만난 것이다.

사실 석현이는 누가 봐도 우울할 만한 상황 속에 있었다. 어머니와 누나는 캐나다로 가서 아버지와 둘이 지냈는데 아버지가 교통사고로 다리가 부러져서 7개월간 누워 지내셨다. 게다가 석현이는 인천에 있는 '정석항공고등학교'를 다니고 있어서 등교 시간만 1시간 반이 넘게 걸렸고 밤 11시가 넘어서 집에 오면 아픈 아버지의 수발을 들어야 했다. 평소 자살이나 죽음에 관한 이야기를 많이 했고 실제로 이 아이가 빌라 옥상에 체조만 하러 올라가도 교회 장로님들이 화들짝 놀라서 "목사님! 석현이가 지금 옥상에 올라가 있습니다!" 하고 내게 전화하게 만드는 그런 아이였다.

모두의 걱정을 사던 석현이가 하나님을 만나고 나자 얼굴이 바뀌

기 시작했다. 그러더니 스스로 알아서 전도를 시작하는 게 아닌가? 나는 다른 아이들에게는 다 전도하라고 말해도 석현이한테만은 전도하라는 이야기를 하지 않았다. 집에서 학교까지 오가는 데 왕복 3시간이 걸리는 아이에게 어떻게 학교 친구를 전도해 오라고 요구하겠는가? 그런데 이 녀석은 거리가 먼 고등학교 친구들 대신에 중학교 동창을 찾아다니며 전도를 하기 시작했다. 석현이의 전도를 받은 아이들이 다시 다른 친구들을 데리고 와서 중고등부의 부흥을 이끌었다. 석현이에게 자극받은 다른 아이들도 친구들을 데려오기 시작했지만 석현이가 데려오는 아이들의 정착율이 훨씬 높았다. 석현이에게는 힘 있게 전도할 수 있는 확실한 간증이 있었기 때문이다. 나는 이 아이들 중 몇 명을 선별해서 제자훈련을 시작했고, 이 아이들은 나중에 각 반의 리더로 서서 다른 아이들을 섬기게 되었다.

5명이 만들어 낸 기적

2007년 6월 17일 주일, 지금도 그날이 생생히 기억난다. 내가 부임하고 나서 처음으로 새친구들이 나온 날이기 때문이다. 그 전까지는 정말이지 단 한 명의 새친구도 없었다. 새친구가 출석하기 열악한 환경 탓이기도 했다. D교회는 버스 정류장에서 내려서 계단 250개를 올라가야 되는 엄청난 고지대에 있었기 때문이다. 그런데 교회 버

● 부흥의 시작을 이끈 5명의 주역들

스도 없어서 걸어서 가는 수밖에 없었다. 그곳에서 2년간 사역했는데 중간에 쉬지 않고 한 번에 올라간 날은 거의 없었다. 고시촌이라 중고등학생들이 많이 거주하는 곳도 아니었다. 게다가 예배 시간은 아침 9시라는 등 여러 악조건 때문에 도무지 새친구가 등록할 조짐이 없었다.

그런데 '청소년 전도와 정착'이라는 주제로 6월 21일에 외부 강의가 잡혀 있었다. 벼룩도 낯짝이 있지 6개월 동안 사역을 하면서 단

한 명의 새친구도 못 만들어 놓고 어떻게 전도 강의를 하러 가겠는가? 양심상 도저히 못할 일이었다. 그래서 6월 17일 주일에도 새친구가 없으면 다음주에 있을 강의를 취소할 생각이었다.

"하나님, 양심을 팔면서 강의하지는 못하겠습니다. 그냥 강의를 취소하겠습니다."

그런데 그날 석현이의 친구 5명이 한꺼번에 교회를 방문한 것이었다. 5명이라는 숫자가 그렇게 크고 감격스런 숫자라는 걸 그날 처음 알았다. 대형 교회에서 사역할 때 5명쯤은 눈에도 안 들어오는 숫자였는데 10명 모이는 공동체에 5명이 새로 오니까 세상을 다 얻은 듯한 감격이 일었다. 그날 이후로도 꾸준히 새친구들이 교회에 나오기 시작했다. 기도가 뭔지도 모르던 아이들이 수련회에서 뛰며 찬양하는 기적이 일어나기도 했다. 이듬해 D교회는 분열의 아픔을 겪었지만 오직 중고등부만은 성장이 꺾이지 않았다.

마른 뼈를 붙잡고 우는 것, 전도

전도는 사랑이다. 사랑은 결과에 상관없이 포기하지 않고 베풀어 주는 것이다. 공부 못한다고 자식을 포기하는 부모를 참된 부모라 할 수 있겠는가? 양적 성장의 관점에서 본다면 석현이는 쓸모없는 아이였다. 전도가 불가능해 보였기 때문이다. 그러나 성장의 욕심을 버리고 쓸모없는 한 영혼, 마른 뼈 같은 한 영혼을 붙잡고 울어주니까 기적이 일어났다. 마른 뼈가 영적 군사가 되어 뛰었다.

　나는 지금도 꿈을 꾼다. 내가 붙잡고 울어준 마른 뼈가 살아나는 꿈이다. 에스겔 골짜기의 마른 뼈들이 강한 영적 군대가 되는 꿈이다. 전도하기 힘든 시대가 되었다고 한다. 교회의 위상이 바닥에 떨어졌다고 한다. 그러나 오히려 전도하기 좋은 시기라고 볼 수 있다. 이제 우리에게 남은 것이 마른 뼈들밖에 없으니 붙잡고 울기에 더없이 좋지 않은가?

　나는 지금도 또 다른 마른 뼈들을 붙잡고 울고 있다. 사역하는 교회 근처의 J중학교 양아치 학생 하나를 붙잡았더니 그 아이가 다른 뼈들을 몰고 와서 토요일 저녁에 양떼 예배(양아치떼 예배)를 드릴 수 있게 되었다. 평균 25명 정도가 모인다. 혼자 감당하기 힘들 정도로 많이 오는 날이면 50명 가까이 모이기도 한다. 이 양떼 아이들에게 언제 하나님의 생기가 임할지는 모른다. 그게 언제가 되었든 내게 주어진 사명은 이 마른 뼈들을 포기하지 않고 사랑하는 것, 그것뿐이다.

잃어버린 양들을 '떼'로 만나다

    S교회에 처음 부임했을 때 중고등부 출석 숫자가 37명이었다. 약간씩 들쑥날쑥하기는 했지만 40명 내외를 유지해왔다. 지금은 주일 오전 예배에 55명, 토요일 오후 예배에 25명, 대략 80명 정도가 출석하고 있다. 가장 많이 나온 날은 97명이었다. 약 2배 가량 성장한 셈이다. 이렇게 되기까지 불과 6개월도 걸리지 않았다.

    방법은 간단했다. 주일 오전 출석 성장의 비결은 초등부에서 올라오는 학생들을 잘 잡는 것이다. 어느 부서나 졸업하는 고3들의 수보다 새로 받는 중1들의 수가 더 많다. 그 아이들만 잘 관리해도 5-6명 정도는 어렵지 않게 늘릴 수 있었다. 거기에 더해서 토요일 오후에 예배를 하나 더 만들었다. 이 토요 예배가 바로 '양떼 예배'다.

불량한 양아치들의 모임?

양떼 예배라니까 이름이 예뻐서 뭔가 아기자기한 분위기를 상상하겠지만 사실은 '양아치떼 예배'의 줄임말이다. 교회 인근 J중학교 일진들이 모여서 드리는 예배다. 담배는 기본이고 폭행은 옵션인 아이들의 모임이다. 부모가 교회를 다니지도 않고 교회가 뭐하는 곳인지도 모르는 아이들을 모아 놓고 예배를 드린다. 양아치떼를 줄여서 양떼 예배라 이름을 지었지만 정말로 이 아이들이 예수님을 목자로 삼는 주님의 양떼가 되기를 바라는 마음이다.

양떼 예배는 적게는 22명 정도, 많게는 47명까지도 모인다. 평균 30명쯤 된다. 욕심 같아서는 한 100명쯤 모아 놓고 예배드리고 싶지만 안 그래도 통제하기 힘든 애들을 혼자서 이끌기에는 좀 무리가 있어서 30명 선에서 유지하고 있다. 누군가 이런 모임의 선례를 남겼으면 참고가 되겠지만 딱히 그런 이야기를 들어본 적이 없어서 어쩔 수 없이 매주 시행착오를 겪으면서 모이고 있다.

양떼 예배는 우연찮게 시작되었다. S교회에 부임하고 두 달쯤 지났을까? 아직 겨울방학이 끝나기 전이었다. 낮 시간인데 처음 보는 아이들 5명이 교회 식당에 옹기종기 앉아 있었다. 딱 봐도 교회 다니

는 아이들이 아니었다. 그래도 어쨌거나 청소년들이기에 다가갔다. 그랬더니 한 녀석이 이렇게 물어 왔다.

"아저씨, 교회 잘 다니세요?"

목사에게 교회 잘 다니냐니…. 속으로 웃음이 났다. 그러나 잘 다니는 것은 사실이니 그렇다고 얘기해주었다.

"그럼, 우리를 위해서 기도해주세요. 우리 지금 큰일 났어요."

무슨 일인지 들어보니 이들 5명이 한 아이를 집단 폭행했던 모양이었다. 피해자 부모가 이 아이들을 고소해서 곧 경찰서에 소환된다는 것이었다. 이야기를 차근차근 다 들어주고 내가 할 수 있는 조언을 다 해주었다. 그리고 배고프다기에 떡볶이를 사 먹여서 보냈다. 아이들은 웬 아저씨가 자기들 사정을 다 들어주고, 법적 조언도 해주고, 떡볶이까지 사주자 다음날 또 왔다. 심지어 친구들까지 데리고 왔다. 역시 비슷하게 양아치 냄새(?)를 풍기는 아이들이었다. 이번에도 고민을 들어주고 같이 먹어주었다. 이번에는 슬쩍 예수님 믿고 교회 나오라는 말도 했더니 다들 좋다고 했다. 이 문제만 해결된다면 꼭 교회를 다니겠다고 약속했다. 그러나 실제로 예배에 출석한 아이들은 하나도 없었다. 재판이 끝나기까지 긴긴 기간에도 주일 예배에 나오지 않았다. 심지어 그 부모들과도 만나 상담을 해주었지만 단 한 명도 주일 예배에 나오지 않았다. 이유는 간단했다. 주일 아침에 못 일어나기 때문이었다.

"목사님, 우리도 예수님 믿고 싶고 교회 다니고 싶은데요, 일요일

9시는 에바('오바'라는 뜻)예요."

　토요일은 새벽 2, 3시까지 놀아야 하는데 어떻게 일요일 아침 9시에 일어나겠냐는 말이었다. 할 말이 없었다. 이 녀석들이 입소문을 낸 탓에 교회에 놀러오는 아이들은 10여 명으로 늘어나 있었다. 그러나 다들 이구동성으로 주일 아침은 어렵다고 했다. 간혹 몇 녀석이 노력해보겠다고 약속했지만 나오진 못했다. 또 출석한다 한들 주일 오전 아이들과는 색깔이 완전히 다른데 적응이 되겠나 싶기도 했다. '전도는 해도 정착은 안 되겠구나' 하며 반쯤 포기하는 심정으로 금요기도회를 드리는데 마음속에 이런 감동이 들었다.

　저 아이들을 위해 네가 예배를 만들어주어라.

　화들짝 놀랐다. 예배를 만들려면 십중팔구 토요일 오후인데, 그 바쁜 날에 저 말썽꾸러기들을 데리고 예배를 드리라니…. 의도는 좋지만 그랬다가는 주일 사역에 지장이 심할 것 같았다. 게다가 아직 부임한 지 몇 달 되지도 않아서 주일날 출석하는 아이들에게도 해줘야 할 것이 많은 상황이었다. 그래서 보류하려고 하는데 자꾸 그 마음이 떠나지 않았다. 이것이 하나님이 주신 마음인지, 사역을 방해하는 무리한 욕심인지 구별할 수 없었다. 그래서 기도했다.
　"주님, 어느 쪽이 주님이 주시는 마음입니까?"
　그 순간 이런 생각이 들었다.

● 양떼 예배 첫 주에 나온 친구들

'이 일을 시작하면 하나님이 기뻐하실까 안 기뻐하실까?'

이렇게 기준을 잡고 보니 판단이 명확해졌다. 사고뭉치인 아이들에게 복음을 전해서 그들을 새 사람으로 만드는 것처럼 주님께서 기뻐하실 일이 또 무엇이 있겠는가? 금요기도회를 마친 다음에 곧바로 담임 목사님께 토요 예배를 신설해도 될지 여쭈어보았고 흔쾌히 허락을 받았다. 몇 명을 데려오든 그 아이들도 정규 출석 인원으로 인정하고 간식비도 보조하기로 약속해주셨다. 이 자리를 빌려 담임 목사님께 감사를 드린다. 담임 목사님의 전적인 지원이 없었다면 이 사역은 절대 불가능했을 것이다.

아이들에게 토요일에 예배드리면 나올 수 있겠냐고 물어보았다. 그랬더니 아이들이 흔쾌히 응했고, 토요일 저녁 6시를 예배 시간으로 정했다. 이렇게 토요 양떼 예배가 시작되었다.

예배드리기로 한 첫날, 과연 아이들이 올까 싶었다. 아니나 다를까 6시 약속인데 6시 15분이 되도록 한 녀석도 보이지 않았다. '그러면 그렇지' 하고 주일 사역을 준비하고 있었다. 그런데 6시 15분이 되자 학생들 10명이 우르르 몰려왔다. 바로 옆 초등학교에서 담배 피다가 시간을 깜박했다는 것이다. 그 다음 주에도 20분쯤 지나서 19명이 와서 예배를 드렸다. 시간 개념이 조금 약한 애들이라서 지각을 자주 했지만 기특하게도 결석은 거의 없었다. 그렇게 3월 초에 양떼 예배를 시작한 이래 전교인수련회와 시간이 겹쳐서 어쩔 수 없이 한 주 쉬었을 때를 빼고는 지금까지 한 번도 쉼 없이 예배를 드리고 있다.

빗속을 뚫고 교회로 오는 이유

양떼 예배는 전화 심방도 없고, 출석상도 없고, 담임 교사도 없다. 주보도 없다. 있는 거라고는 사도신경 및 기본적인 내용만 넣은 순서지 하나뿐이다. 그것도 몇 번에 걸쳐 재활용하기 위해서 성경 구절도

여러 개를 넣어 놓은 조악한 것이다. 이렇듯 환경은 열악하지만 아이들은 자발적으로 잘 모이고 있다.

지난 여름 어느 토요일에 비가 엄청나게 왔다. 교회 옆에 있는 탄천이 범람 일보 직전까지 갔고 하천길은 모두 물에 잠겼다. 눈앞이 잘 안 보일 정도로 비가 많이 와서 이날은 애들이 안 오겠구나 싶어 예배 준비 대신 뒷정리를 하고 일찍 집에 들어가려고 했다. 그런데 그 무지막지한 비를 뚫고 20명 가까운 아이들이 교회로 왔다! 그 중 한 아이는 바지를 걷고 물에 잠긴 길을 건너와서 옷이 다 젖어 있었다. 기특하면서도 어이가 없었다.

훈훈한 분위기로 예배드리고 축복해주고 아이들을 보내고 나서 궁금해졌다. 도대체 무슨 생각으로 폭우를 뚫고 왔을까 싶었다. 그렇다고 예배 태도가 좋으냐면 그건 또 아니기 때문이다. 굳이 아이들이 솔깃해할 만한 것을 대보라고 한다면 예배 마치고 떡볶이 먹으러 가는 것뿐이다. 그나마도 어떤 날은 그냥 라면 사다가 끓여먹기도 하는 등 그다지 큰돈 들여가며 하는 것은 없는 편이다.

나라면 그런 큰비가 쏟아지는 날 떡볶이 한 점 먹자고 교회에 가지는 않았을 것이다. 억지로 설명해보라고 한다면 친구 만나는 게 좋았을 것이고, 자기들을 받아주는 공간이 있다는 것이 좋았을 것이고, 삼촌처럼 품어주는 아저씨 목사님이 있는 것이 좋았을 것이고, 그 목사님에게 의리를 지켜야 한다고 생각해서였을 것이다. 넓게 보면 그 모두가 하나님이 하시는 일이 아니겠는가.

목사님, 라이터 좀 빌려주세요

아이들이 지금은 많이 '교회스러워' 졌지만, 교회 문화에 대해서 전혀 모르는 아이들을 데리고 예배를 시작하다보니 초기에는 웃기는 사건들도 꽤 많이 있었다.

예배를 시작하고 두 달쯤 지났을 때였다. 매주 아이들을 몰고 오던 아이가 보이지 않았다. 다른 아이들은 다 왔는데 그 녀석만 보이지 않았다. 예배를 시작하고 20분쯤 지났을까 녀석이 들어왔는데 얼굴이 벌게져 있었다. 가까이 서니 술 냄새가 풀풀 났다. 아무리 개념 없는 애들이라지만 어떻게 청소년이 예배 시간에 술을 먹고 올 수 있나 싶어서 야단을 쳤다.

"누가 술 먹인 거야?"

"… 선배들이요…"

"그럼 그냥 계속 술이나 먹을 것이지 여긴 뭣 하러 왔어?"

"그래도 예배는 드려야 하잖아요. 예배 시간에 술 먹으면 안 될 것 같아서…."

선배들도 이 아이가 예배드리러 간다니까 술 마시는 도중에 보내줬다고 한다. 어이가 없었지만 웃음이 났다. 술 먹다가 예배 시간이라고 도중에 왔다니 기특한 일 아닌가?

이런 사건도 있었다.

"목사님, 라이터 좀 빌려주세요. 담뱃불 좀 붙이게…."

"야, 임마, 목사가 라이터가 어딨어!!"

"에이~ 담배 안 피는 어른이 어딨어요? 좀 빌려주세요"

"이거야 원, 목사는 원래 못 피게 돼 있어."

"그래요? 우와, 그럴 수도 있나요?"

장난이었다면 단단히 혼을 냈겠지만 목사가 담배를 안 핀다는 걸 정말 몰랐으니 야단칠 수도 없었다. 나중에 예배 시간에 교회가 술, 담배를 금지하는 이유를 성경과 한국 교회사를 인용해서 차근차근 설명해주니까 아이들은 그제야 납득을 했고, 교회에서는 담배를 자제하는 분위기가 되었다.

아이들을 모아서 성경 말씀을 같이 읽던 어느 날이었다. 시편 23편을 읽고 있는데 여학생 두 명이 너무 야해서 못 읽겠다고 했다. 아니, 시편 23편이 야하다니? 다윗의 불륜이나 롯의 성범죄 장면처럼 성경에 간혹 읽기 민망한 이야기가 나오긴 하지만, 시편 23편에 어디 그런 구절이 있단 말인가?

"도대체 어디가 야하다는 거야?"

"아, 여기 있잖아요! 숫자 2 옆에!"

"2절? 그가 나를 푸른 풀밭에 누이시며 쉴 만한 물가로 인도하시도다. 이게 뭐가 야하다는 건데?"

"야하잖아요! 왜 나를 풀밭에 눕히냐고요?"

"맞아, 맞아~ 무슨 짓을 하려고 풀밭에 눕히는 건데? 완전 저질이야! 낯 뜨거워서 못 읽겠어요!"

"아니, 그건…."

할 말을 잃었다. 시편 23편이 이렇게 보일 수도 있구나. 이건 애들이 문제인 건지 이렇게 만든 사회가 문제인 건지…. 목자와 양의 개념을 몰랐기 때문에 생긴 해프닝이라 생각하고, 그날은 목자와 양에 대해 설명하는 걸로 시간을 다 보내야 했다. 시편 23편도 야한 시가 될 수 있다는 걸 처음 알게 된 날이었다.

이렇게 황당한 에피소드도 있었지만 정말 너털웃음이 나는 순간도 있었다. 언젠가 아이들의 학교 행사에 초대를 받아서 간 적이 있다. '국악경연대회'에 오라고 하도 성화를 부려서 멋쩍게 갔는데 3학년들만 모여서 하는 시간이었다. 대충 250명쯤 되는 아이들이 앉아 있었다. 그런데 갑자기 30-40명 되는 아이들이 다 나를 보고 소리를 지르며 인사를 했다. 깜짝 놀란 선생님들이 나에게 연예인이냐고 물었다. 생전 처음 보는 사람을 향해 3학년의 10퍼센트가 넘는 아이들이 소리를 질렀으니 그럴 만도 했을 것이다.

언젠가 J중학교 전교생의 10퍼센트를 담당하게 해달라는 기도를 한 적이 있었는데, 중3에만 한정하면 10퍼센트를 훌쩍 넘는 아이들을 모아 놓고 예배드렸으니 이미 기도 응답을 받았다고 할 수도 있겠다. 머리털 나고 처음으로 연예인이냐는 소리를 듣자 10퍼센트 말고 20퍼센트쯤으로 기도할 걸 그랬나 하는 생각도 들었다.

세상에서 가장 가혹한 형벌

웃기는 사건도 있었지만 가슴 철렁한 일도 많았다. 양떼 예배를 시작한 지 불과 2주밖에 지나지 않았을 때, 아이들이 또 폭행 사건을 저지른 것이었다. 24명이 1명을 집단 구타한 사건이었다. 한 녀석을 24명이 때렸으니 때린 애들도 너무하다 싶었지만 맞은 녀석은 도대체 어떤 녀석일까 궁금했다. 사람이 인생을 살면서 24명에게 둘러싸여 맞을 만한 일이 몇 번이나 있겠는가? 그 어려운 일을 해냈으니 맞은 녀석도 보통내기는 아니었을 것이다.

어쨌든 두들겨 맞은 아이의 부모가 화가 단단히 나서 24명을 몽땅 고소했고, 그 중 죄질이 가장 나쁜 11명에게 1인당 500만 원씩 총 5,500만 원의 위자료를 요구했다. 학교는 학생들의 강제 전학을 검토하기에 이르렀다. 문제는 11명 거의 모두가 우리 양떼 예배에 나오는 아이들이었다는 것이다. 폭행 사건으로 예배가 생겼는데 이젠 폭행 사건으로 예배가 없어질 판이었다.

그 주 예배 시간에 해당 아이들을 앞으로 불러 세우고 위해서 기도해주었다. '500클럽'이라고 농담 섞인 별명을 붙여주고, 500클럽을 위한 기도 제목을 공지하여 아이들과 같이 기도했다. 금요기도회 때도 기도 제목을 냈고 교인들에게도 기도를 부탁했다. 기도가 통했는지 대부분의 아이들은 강제 전학을 면하고 사회봉사 처분을 받게 되었다. 그러나 안타깝게도 예배 창립 멤버인 한 학생만 강제 전학을 피하지 못하고 강원도 양구로 전학을 가게 되었다. 가끔 그 아이가 보고 싶다. 지금은 내 품에서는 떠나 있지만 내 새끼가 아니라고 생각해본 적은 한 번도 없다.

이런 일 외에도 강대상 위에다가 담배꽁초를 놔두고 가서 관리 장로님이 노발대발한 적도 있었고, 여자 화장실에서 남녀가 같이 나와서 집사님들이 경악하기도 하고, 예배실의 기타를 들고 칼싸움을 하다가 기타 목을 부러뜨리기도 하고, 자기들끼리 놀다가 멀쩡한 문고리를 박살내기도 하는 등 이 녀석들 때문에 교회에서 고개를 들지 못한 적이 한두 번이 아니었다.

중간에 포기하고 싶었던 적도 몇 번 있었다. 아이들이 내 기대만큼 빨리빨리 변하지 못하는 것 같았기 때문이다. 몇 달 동안 예배드렸는데도 예배 태도가 전혀 나아지지 않고 여전히 예수님에 대해서 관심이 없는 것 같았다. 변하지 않는 아이들을 바라볼 때면 마음이 정말 괴로웠다. 세상에서 제일 가혹한 형벌이 '변화되지 않는 영혼을 사랑하는 일' 이겠구나 싶었다. 실제로 겪는 이들에게 정말 송구한 말이지만, 불치병 걸린 자식을 보는 마음이 이런 것이 아닐까 하는 생각도 들었다. 차라리 사랑하지 않으면 아프지나 않지…. 어느 날엔가는 보고 있는 게 너무 괴로워서 예배를 그만두려 했다. 그럴 때 아내가 질책과 격려로 내 마음을 돌려 놓았다.

"당신은 세상에서 제일 변하기 힘든 게 사람 마음이라고 늘 얘기해 놓고, 겨우 몇 달 예배드리고 애들이 안 변한다고 낙심하는 거예요?"

좋게 보면 거룩한 욕심이고, 나쁘게 보면 교만이었을 것이다. 빨리 변화시켜서 또 다른 아이들을 전도하고 부서를 부흥시켜야 할 텐데 그렇게 되지 못하니까 스스로 낙심하고 답답해했던 것이다. 전도는 '마른 뼈를 붙잡고 우는 것'이라고 스스로 말해 놓고도, 그 마른 뼈가 살아날 기미가 보이지 않으니까 때려치우려 했던 것이다. 그러나 곧 마음을 돌이켜 내게 주어진 사명은 결과에 상관없이 아이들을 사랑하고 위해서 기도해주는 것임을 깨달았다.

아파도 꿈을 꾼다

아직까지 어떤 극적인 변화는 없다. 2007년의 방석현에 비견할 만한 아이도 아직 없다. 그러나 악몽을 꾸거나 가위 눌릴 때 전화해서 기도해달라고 하고, 식사할 때 기도하고 먹자고 하고, 시험 때는 서로를 위해서 기도해주는 아이들이 꾸준히 나오고 있는 것을 보면, 하나님이 이 아이들 속에서 무언가를 하고 계시는 것은 맞는 듯하다. 담배 끊는 아이들이 나오고 어쨌거나 폭력이 조금씩이나마 줄어가고 있기에 그것만으로도 가치 있는 사역일 거라 생각한다. 전에는 으슥해지면 들어가기 꺼렸던 교회 옆 초등학교가 이제는 다닐 만한 곳이 되어가고, 인근 상가 옥상에서 담배를 나눠 피던 아이들이 교회 안에서 피아노를 치며 즐기는 것을 보면 행복하다.

나는 꿈을 꾼다. 꾸면 꿀수록 아프기도 하지만 그래도 꿈을 꾼다. 적어도 나에게 떡볶이를 얻어먹고 같이 예배드린 아이들은 나중에 커서 최소한 '기독교 안티'는 되지 않을 것이다. 요즘 기독교 안티가 얼마나 많은가? 교회와 목사를 향해 얼마나 험한 말들을 해대는지 모른다. 그러나 먹은 자는 말이 없다! 밥을 사준 목사에게 욕할 양심 없는 인간은 없다. 이 아이들도 초기에는 교회에 대한 인상이 별로 좋지 않았다. 당연한 일이다. 미디어가 거의 매일 교회 깎아내리기에 열을 올리는 세상에서 어찌 좋은 인상을 바랄까? 그렇다면 이 양떼예배를 통해 아주 최소한이나마 기독교 안티가 양산될 수 있는 환경을 막아낸 가치는 있을 것이다.

나는 꿈을 꾼다. 이 아이들이 지금은 성적도 바닥이고 주변의 기대에도 못 미치는 별 볼일 없는 그냥 양아치 떼지만 예수님을 만나면 이 나라 이 민족에 꼭 필요한 일꾼들이 되리라는 꿈이다. 집안의 화초나 하다못해 애완견 한 마리도 사랑을 받아야 잘 큰다. 내가 욕하기보다는 욕먹은 아이들을 가슴에 품어주는 게 더 조국에 유익한 일이 아니겠는가? 나아가서 인생을 변화시키는 하나님의 손길을 경험하면 이 아이들이 나라와 민족을 이끌어 가는 일꾼들이 될 수도 있지 않겠는가?

비록 지금은 담배 하나 끊지 못하고 성질 한 번 죽이지 못하는 양떼들이지만 우리를 위해 생명 바치신 예수님을 제대로 만난다면, 이 아이들이 한국 교회와 세계 선교를 담당하는 영적 거목들이 될 것이

다. 예수님을 믿지 않는 집안에 태어난 이 아이들이 믿음의 가문을 세우는 영적 1세대가 될 것이고, 복음의 불모지에 눈물과 피를 흘리며 십자가를 전하는 선교사가 될 것이며, 자기들이 받은 것처럼 다음 세대를 위해서 섬기는 청소년 사역자들이 될 것이다. 이 아이들로 인해 다음 세대가 더 큰 영적 축복을 누릴 것이라는 꿈, 나는 그런 꿈을 꾼다.

그런 꿈을 꿀 때면 행복하기도 하고 아프기도 하다. 하나님께서 이루실 영광스런 일에 이 아이들이 동역자로 선다면 얼마나 행복할까? 그러나 동시에 가야 할 길이 너무도 벅차고 고달파서 아픈 것도 사실이다. 그러나 꿈을 꿀 때만큼은 살아 있음을 느낀다. 그래서 전도는 나뿐 아니라 우리 모두에게 행복한 일이다. 믿는 자들이 살아 있음을 알려주는, 괴롭지만 한없이 즐거운 일이다.

그런데 행복한 전도가 현장에서는 너무나 고달프기만 한 일이 되고 있다. 왜 그럴까?

청소년 전도,
그 오랜
고민의 날들

나는 청소년 사역자다. 1995년에 강남의 대형 교회 중등 1부 교사로 청소년들과 만난 이후, 줄곧 청소년 사역만 담당해왔다. 잘해서 청소년 사역을 한 길로 판 것이 아니라 다른 쪽에 별로 달란트가 없기 때문이다. 정확히는 달란트를 구할 마음도 별로 없었다. 나는 아직 청소년 외의 다른 연령대를 바라보며 울어본 적이 없다. 있어도 기억을 못한다. 그러나 교복을 입은 아이들을 보면 가슴이 뛴다. 나이 서른이면 청소년 사역에서 손을 뗄 줄 알았는데, 마흔을 향해 달려가는 이 나이에도 청소년들에게서 손을 못 떼고 있다.

17년의 세월 동안 청소년 사역을 하면서 나름대로 이것저것 보고

느낀 것들이 꽤 있지만, 여기서는 청소년 전도와 정착에 관해서만 이야기를 나누고자 한다. 내가 가장 오랫동안 고민하고 아파했던 부분이자 대부분의 사역자들이 고민하는 부분이기 때문이다.

전도 실패, 실패, 실패

목사라면 누구나 부흥에 대한 꿈과 열망이 있다. 나 역시 그렇다. 성장주의 풍토에서 자란 탓에 대형 교회를 목회하는 담임 목사를 꿈꾸었다. 그러기 위해서는 젊어서부터 하는 사역마다 폭발적인 부흥을 경험해야 한다고 생각했다. 부흥에는 전도와 설교가 필수라서 이 둘은 내게 지대한 관심사였다. 설교는 그래도 노력하면 어느 정도 성과가 있었는데, 전도는 전혀 그렇지 않았다. 전도의 경험은 그야말로 실패의 역사였다.

그러나 하나님이 바라시는 목회가 무엇인지 자각하게 되면서 대형 교회 담임 목사의 꿈을 버렸다. 하지만 전도에 대한 깊은 고민은 여전히 남아 있었다. 고민이 남는 이유는 간단했다. 성에 차도록 수적 성장을 이뤄본 적이 별로 없었기 때문이다. 개인 전도를 할 때도 책이나 간증에서 본 것처럼 뭔가 극적인 회심이 일어나는 것을 거의 경험해보지 못했다.

전도 훈련은 적지 않게 받았다. 119전도단에도 가입하여 매주 겸

연쩍음을 무릅쓰고 전도하러 나가곤 했다. 점집에 찾아가 무당을 전도해본 적도 있고, 낙도 선교나 시골 전도활동 등 기회가 있을 때마다 전도해보았지만 한 번도 속 시원하게 전도가 잘된 적이 없었다. 청소년 부서 역시 말할 것 없었다. 어깨띠 매고 학교 전도를 여러 번 나가보았지만 열매를 거두지 못했다.

계속해서 실패의 경험만 쌓이자 원인이 무엇인지 분석해보게 되었다. 내가 문제인지, 방법이 문제인지부터 분석해보았다. 우선 동료들 및 각 교회들을 살펴보았다. 책이나 간증에서 본 것과는 달리 다들 전도를 힘겨워하고 있었다. 나만의 문제는 아니었다. 20년 가까이 고민해보았지만 전도를 즐기는 사람을 아직 만나본 적이 없었다. 그렇다면 '방법'에 문제가 있다고 봐야 했다.

대상을 청소년으로 좁히고 분석해보았다. 역시 방법에 문제가 있었다. 전도 받는 아이들이 좋아할 만한 접근법이 전혀 아니었다. 길거리에서 전도지를 나눠주는 것은 분명 가치 있는 일이지만, 받는 사람 입장에서는 전도지나 학원 광고지나 그게 그거였다. 학원에 다닐 마음이 있는 사람이 학원 광고지를 살펴보는 것처럼, 전도지 한 장으로 전도가 되는 사람들은 이미 교회에 나갈 마음이 있는 사람들뿐이다. 교회에 관심 없는 99퍼센트의 학생들은 전도지에 관심이 없었다.

전도는 마음을 읽는 것에서부터

전도지로 안 된다면 어떤 방법을 써야 할까? 일단 전도 대상자의 옆에 다가갈 수 있어야 효율적인 전도가 가능하다. 일례로 나는 만화방에 가서 만화를 보며 청소년들과 진솔한 대화를 주고받았다. 답은 '관계'에 있었다. 우리나라 사람들은 관계 맺기를 좋아하는 편이라 이는 생각보다 수월한 방법이다. 최권능 목사님 같은 분은 '예수천당, 불신지옥' 여덟 글자로도 회심시키는 게 가능하지만 그건 누구에게나 주어지는 달란트가 아니다. 그런 은사가 없는 보통의 사람들이 쓸 수 있는 방법으로 승부해야 한다. 관계를 통한 전도는 확실히 누구나 할 수 있는 방법이다.

물론 이 방법을 쓰려면 전도 대상자들의 마음을 읽을 수 있는 노하우가 필요한 것이 사실이다. 특히 기성세대에게 거의 외계인이나 마찬가지인 청소년들의 마음 읽기는 더 어렵다. 그러나 뜻이 있는 곳에 길이 있다고, 대상자들에게 관심과 끈기를 가질 수 있다면 청소년들의 마음을 얻는 것은 어른들에 비해 오히려 훨씬 쉽다.

교회에 관심 없던 아이 하나만 잘 잡으면 고구마 줄기 딸려오듯 여러 명이 술술 딸려온다. 이처럼 관계 전도가 되면 전도가 쉬워진다. 그러나 문제는 아이들이 너무 바빠서 만나기가 힘들다는 점이다. 하늘을 봐야 별을 딴다고, 얼굴 볼 시간도 없는데 무슨 재주로 관계 전도가 되겠는가? 이 문제는 관점을 바꾸면 쉽게 해결된다. 내가 있는 곳으로 아이들을 오게 할 것이 아니라 내가 아이들이 있는 곳으로 가면 되는 것이다. 아이들이 많이 있는 곳은 단연 학교다. 그래서 학교 전도는 확실히 효과가 좋다.

매력적인 교회가 사람들을 끌어당긴다

연초에 6명으로 시작한 학교 전도 모임이 연말에는 150명이나 모여 바글거리는 모임이 된 적이 있었다. 모임을 이끌면서 난관이 많았지만 못 넘을 난관은 아니었다. 오히려 진짜 문제는 전도된 아이들이 정착되지 않는다는 점이었다. 이것은 전도가 안 되는 것보다 훨씬 더 심각한 문제였다. 새신자들에게 교회는 영 매력이 없는 곳으로 비춰졌다.

전도야 나만 잘하면 어느 정도 먹히는 것이지만, 정착은 내가 아닌 교회를 변화시켜야 하는 문제다. 어려운 점이 수도 없이 많지만 하나만 예를 들어보자.

대부분의 교회는 주일 아침 9시에 중고등부 예배를 드린다. 그런데 이 시간은 아이들에게는 정말 일어나기 힘든 시간이다. 보통 토요일 저녁에 아이들은 어른들에 비해 3시간 이상 늦게 잔다. 부모가 11시에 자면 아이들은 2시에 잔다. 그런 아이들에게 아침 9시에 교회로 나오라고 하면 나올 수 있겠는가? 부모가 교회 제직인 경우야 깨

워주는 사람이 있으니 겨우겨우 일어날 수 있지만 매주일 11시에나 겨우 눈을 뜨는 생짜배기 초신자들에게는 처음부터 씨알도 안 먹히는 얘기인 것이다. 장년 전도집회를 계획하면서 집회 시간을 새벽 6시에 잡는다고 가정해보라. 제 정신이 아니라고 모두가 비웃을 것이고 기획안을 짠 사람은 잔뜩 욕을 먹을 것이다. 그런데 제 정신이 아닌 그런 요구를 버젓이 주일학교에서는 하고 있다. 그래 놓고 부흥이 안 되고 전도가 안 된다고 개탄한다. 더 큰 문제는 예배 시간을 바꾸는 것이 교회들의 형편상 너무 벅찬 일이라는 것이다. 이것은 사역자 한 사람이 잘 한다고 바뀔 성질의 것이 아니다.

이 문제를 어떻게 극복할 것인지 정말 오랫동안 고민하며 수많은 방법들을 접목해보았다. 교회가 시간을 바꿔주지 않을 것이므로 은혜받고 재미있으면 극복하리라 믿고 다양한 방법들을 시도해보았다. 또 아이들이 모이기 좋은 시간에 새친구들을 위한 예배를 따로 만들어보기도 했다. 그러던 와중에 노하우가 쌓이며 나름대로 정착에 대한 원리들을 발견하게 되었다.

청소년 전도에 대해서 처음으로 고민을 시작한 것이 1995년이다. 그때 우리 반에는 13명의 학생들이 배정되었지만 실제로 출석하는 아이들은 잘해야 4명이었다. 그런데 하필 매주 출석 상황이 주보에 실려서 볼 때마다 부담이 이만저만이 아니었다. 그런 부담을 갖고 지난 17년 동안 단 한 해도 전도에 대해 고민하고 씨름하지 않은 날이 없었다. 열매가 별로 없었기에 더 오래 고민했다. 누구보다도 오래

이 문제를 두고 고민해왔다고 해도 과언이 아닐 것이다.

아마도 내가 17년 동안 했던 고민들과 시행착오들을 지금도 그 누군가는 겪고 있을 것이다. 그 오랜 고민의 결과물들을 정리해서 내놓으면 그 누군가에게 도움이 되지 않을까 생각한다. 나보다 앞서 청소년 전도에 대해 고민했던 선배가 그 생각들을 책으로 풀어주었다면, 그동안 내가 저질렀던 수많은 시행착오들을 상당히 줄일 수 있지 않았을까?

나갈 것인가, 보낼 것인가?

　이제 본격적으로 전도 이야기를 해보자. 먼저, 전도하는 사람은 누구인가? 전도의 주체는 딱 둘밖에 없다. 교사(교역자)가 직접 전도하거나, 학생이 하거나 그것밖에는 없다. 학생들이 알아서 척척 전도해 오면 오죽이나 좋겠냐만 현실은 그렇지 못하다. 그래서 보다 못한 교사들이 직접 전도의 현장에 나가는 경우가 많다. 나 역시도 그랬고 지금도 종종 하는 편이다. 교사들이 전도의 현장에 나가면 스스로의 영성에도 도움이 되고, 지금 나오는 아이들이 얼마나 소중한지도 깨닫게 되고, 불신 학생들을 자주 접함으로써 학생들에 대한 감각을 잃지 않는다는 등 유익한 점이 많다.

스트레스가 된 전도

　1995년에 강남의 대형 교회에서 중등 1부 교사를 하면서 처음으로 청소년 사역을 접하게 되었다. 당시 나이가 21세에 불과했지만 신학생이라는 이유로 반을 맡았다. 배정된 반의 재적 인원은 13명이었는데, 첫 주에 출석한 학생들은 4명밖에 되지 않았다. 무려 9명이나 결석을 한 것이었다. 문제는 9명 모두 중학생이 되면서는 교회를 나오지 않겠다고 한 것이다. 방문 심방하는 요령도 없었고 받는 쪽도 심방을 거절해서 매주 전화로 교회에 나오라고 통사정을 했지만 단 한 명도 나오지 않았다. 안타까운 마음에 출석 잘하는 4명에게 친구들을 전도해올 것을 강조했지만, 사실 이 아이들도 교회 오기 싫은 것은 매한가지였다. 결국 단 한 명의 학생도 전도하지 못한 채 1년 내내 재적 13명에 출석 4명인 반을 이끌고 가야 했다. 설상가상으로 교회에서는 매주 주보에 각 반별 출석 상황을 올렸기 때문에 교사회의 때마다 얼굴을 들 수가 없었다.

　결석자는 계속 안 나오고, 아이들은 전도를 안 하는데, 주보에는 매주 출석 상황이 올라가니 당시의 스트레스는 이만저만이 아니었다. 주말도 아닌 목요일부터 부담이 밀려오곤 했다. 마침 그때 읽던 책이 있었는데 내용이 이러했다. 너무나 교사가 하고 싶은 어떤 할머니가 교사로 지원했는데, 부서에서는 그 할머니를 탐탁지 않게 보고 아이들을 맡기지 않았다. 그래서 할머니는 놀이터로 가서 아이들을

직접 전도해 왔고, 그 반은 그 지역의 교회 중에서 가장 많이 모이는 반이 되었다.

왠지 이 이야기대로 나도 실천해야 할 것 같았는데 도저히 혼자서는 민망해서 학교에 전도하러 갈 자신이 없었다. 그래서 학교 전도팀에 끼어서 전도지를 나누어주었는데 전혀 효과가 없었다. 전도지를 나눠주려 해도 잘 받지도 않았고, 잠깐 이야기하자고 하면 대부분 바쁘다고 뿌리치고 갔고, 어떤 애들은 다른 교회 다닌다면서 이야기 듣기를 거절했고, 어쩌다 잡혀서 이야기를 듣던 아이들은 엉뚱한 전화번호를 적어주고 갔다. 몇 주를 나가보았지만 전혀 효과가 없었다. 이게 다 반 아이들이 전도하지 않은 탓이라고 생각해서 애꿎은 아이들에게 짜증을 부리기도 했다.

그렇게 몇 년이 지나도록 나는 학교 앞 전도가 실효성이 없는 이유를 몰랐다. 유초등부는 풍선을 들고 나가면 아이들이 꾸역꾸역 모이는데, 왜 유독 중고등부는 효과가 없는지 알 수 없었다.

만화방에서 길을 찾다

고민하던 차에 어떤 친구가 지나가듯 해준 말이 실마리가 되었다. 만화방에서 전도해보라는 것이었다. 처음에는 말도 안 되는 소리라 생각했다. 그런데 가만히 생각해보니 거기라면 아이들이 바빠서 전도 못 받는다는 핑계는 댈 수 없겠다 싶어서 그냥 속는 셈치고 전도를 시작해보았다. 당시에 만화방 가는 것을 즐겨했던 편이라 그곳은 나에게도 익숙한 공간이었다. 그전에는 그곳에서 전도한다는 것 자체를 생각 못했기 때문에 못 했던 것이지 막상 해보고 나니 만화방처럼 전도하기 쉬운 곳이 없었다. 이유는 이렇다.

첫째, 위에서 말한 대로 아이들이 바쁘다는 핑계를 댈 수 없다. 바쁜 아이들은 만화를 보러 오지 않는다.

둘째, 경계심이 없다. 학교 앞에서 어깨띠를 두르고 전도할 때는 아이들이 멀리서부터 슬금슬금 피했다. 잡혀봐야 귀찮은 소리 들을 게 뻔하다 생각하고 경계하기 때문이다. 그러나 만화방에 전도하러 오는 사람은 없으므로 쉽게 마음을 연다.

셋째, 말 붙이기가 쉽다. 전도지를 돌릴 필요도 없다. 그냥 신간 코너에서 서성거리다가 교복 입은 아이들에게 지나가는 말처럼 물어보면 된다. "요즘 어떤 만화가 잘 나가냐?" 그러면 대부분의 아이들이 친절하게도 이것저것 설명해준다. "역시 대세는 원ㅇ스, 나ㅇ토고요. 블ㅇ치도 재미있어요."

넷째, 아이들 모으기도 쉽다. 만화책을 소개해준 아이에게 고맙다며 제일 싼 음료수 하나를 사주면 된다. 200원짜리 요구르트도 좋다. 싼 것을 줄수록 의심하지 않는다. 그러면 주변에 있던 아이들까지 몰려든다. 자기도 음료수 하나를 얻어먹을 수 있을까 싶어서 묻지도 않았는데 이것저것 막 이야기해준다. 그럴 때 끄덕이며 이야기를

듣다가 자연스럽게 교회 이야기, 예수님 이야기를 던져주는 것이다. "야, 내가 보니까 하나님이 너를 참 사랑하시는 것 같다. 그냥 그런 마음이 들었어. 혹시 교회 다니냐?"

이렇게 하면 그 중에 낚일 확률이 학교 앞에서보다 100배는 높다. 학교 앞에서 전도할 때는 학생들이 전도 메시지가 자기들을 위한 것이라고 생각하지 않는다. 그저 교인들을 늘리기 위한 포교 활동이라고 생각한다. 즉 '나를 위한 메시지'가 아닌 것이다. 그러나 만화방에서 만화책을 보며 이야기해주는 아저씨는 정말 자신을 위해서 이야기해준다고 생각하고 훨씬 진지하게 듣게 된다. 간단하게 기도해주면 그것도 좋아한다. 이쯤 되면 목사라고 신분을 밝혀도 괜찮다. 오히려 무슨 목사님이 만화방에 만화책 보러 오나 하고 신기해한다. 뭐가 됐든 신기하면 기억에 오래 남는다. 기억에 남는 쪽이 전도하기 쉽다는 건 불문가지다!

주의할 점은 빌린 만화책은 반드시 다 보고 가야 한다는 것이다. 전도만 하고 일어나서 가버리면 아이들은 속았다는 느낌을 받는다. 끝까지 낄낄거리며 만화책을 보고 가야 의심하지 않는다.

물론 이 방법에도 극복할 과제는 있었다. 아이들에게 복음 전하는 것도 성공했고 교회 나가기로 약속도 받았고 실제로 나온 아이들도 있었는데, 문제는 전도한 당사자인 내가 주일날 너무 바쁘다는 것이다. 예배 전에 교사기도회 해야지, 임원 성가대 애들 점검해줘야지, 9시 되면 강대상 위에 올라가 있어야지… 예배 마치고 나서도 여

전혀 바쁘다. 교사회의 인도하고 다시 대예배에 들어가 찬송 인도도 해야 하는 처지에서 나 때문에 온 아이들을 환대하고 정착시키기란 너무도 어려웠다. 새가족부 선생님들에게 부탁해봤지만 잘 되지 않았다. 아이들은 '어제 만화방에서 음료수 사주며 같이 만화책 봐준 그 신기한 아저씨' 때문에 교회에 나온 것이지, 전혀 생소한 새가족부 선생님들 때문에 온 게 아니었으니 어찌 보면 당연한 일이었다.

전도하기 좋은 날

만화방에서 전도하고 나서야 학교 앞 전도가 안 되는 이유가 무엇인지 명확히 알게 되었다. 관점을 바꿔서 학생들의 시선으로 학교 앞 전도를 바라보면, 안 되는 이유가 뚜렷이 보인다.

우리가 주로 학교 앞 전도를 나갈 때는 놀토가 아닌 토요일의 하교 시간이다. 그런데 아이들은 그때가 가장 전도받기 귀찮은 시간이었던 것이다. 일주일 내내 학교에 붙잡혀 있다가 "이제야 드디어 해방이구나" 하며 새장을 벗어난 새처럼 놀러 가려는데 학교 앞에서 양복 입고 어깨띠까지 맨 아저씨, 아줌마들이 붙잡으니 어느 누가 좋아하겠는가? 청소년은 관계로 전도가 되는 법인데 처음 보는 아저씨가 가장 전도받기 싫은 시간에 전도하니 될 리 없었던 것이다. 게다가 우리는 어쩌다 한두 번 나가서 전도지 나눠주는 것이지만 학교 앞에

는 학원이나 학습지 출판사에서 나온 판매원들이 자주 등장해서 유인물을 나눠준다. 즉 아이들 눈에는 학원 홍보물을 나눠주러 온 사람들이나 전도하러 온 사람들이나 다 똑같아 보인다는 것이다.

두 번째 장에서 자세히 소개하겠지만, 학생들이 교사들을 반가워하는 시간은 하교 시간이 아니다. 학교 안에서 뭔가 재미있는 일 없나 하며 빈둥거릴 그때를 맞춰서 가야 효과가 있다. 학교 안에 들어가는 것도 요령이 있어서 시간만 잘 맞추면 얼마든지 들어가서 전도할 수 있다. 좋은 길이 있는데 굳이 안 되는 방법을 고수할 필요는 없지 않겠는가.

그렇다고 학교 앞 전도를 무조건 부정하는 것은 아니다. 이 책의 의도는 전혀 그렇지 않다. 오히려 교사는 학생들을 어떻게 해서든지 자주 만나고 그들에게 복음을 전하려고 노력해야 한다. 만화방의 사례는 절망적인 상황이라 해도 어떤 식으로든 돌파구가 있다는 점을 강조하고자 쓴 것이다. 실제로 자기만의 독특한 방법으로 청소년들을 전도하는 교사나 교역자들을 종종 보았다.

아이들에게도
남모를
비밀이 있다

'만화방 전도'를 통해 나름대로 씨를 뿌리는 전도는 가능했지만, 정착은 영 신통치 않았다. 주변에서는 어차피 새신자들의 정착율은 20퍼센트 정도니 너무 낙심하지 말라고 했지만, 고생고생하며 전도한 아이들이 교회에 남지 않는다는 것은 여간 속상한 일이 아니었다.

여기서도 만화방 전도에서처럼 생각의 전환이 도움이 되었다. 떠나는 80퍼센트가 왜 떠나는가에 초점을 맞추는 것이 아니라 남는 20퍼센트는 무엇 때문에 남는가에 주목한 것이다. 유심히 살펴보니 무난히 교회에 정착하는 아이들의 거의 90퍼센트는 친구가 전도한 아이들이었다. 역시 전도는 학생들이 자기 친구들을 데려올 때 정착율

이 가장 높은 법이다. 그런데 학생들이라고 다 똑같은 게 아니다. 전도를 잘하는 아이들이 있는가 하면 영 못하는 아이들도 있다. 청소년 사역을 한 지 10년이 넘어가면서 딱 보면 어떤 아이들이 전도를 해낼지 감이 오기 시작했다.

교회 안에는 대체로 두 부류의 아이들이 있다. 첫째는 엄마 때문에 오는 아이들, 즉 제직 자녀들이고, 둘째는 친구 때문에 오는 아이들이다. 여러 교회를 거치며 수차례 설문조사를 해보았지만 한 차례의 예외도 없이 이 두 부류의 아이들이 90퍼센트 이상을 차지했다.

제직 자녀들이 전도를 못하는 이유

첫째 그룹의 아이들, 즉 제직 자녀들은 교회 안에서 활동이 두드러진 경우가 많다. 할아버지는 장로님, 아버지는 안수 집사님, 큰이모는 권사님… 이런 식으로 교회 내에 '배경'이 많다보니 당연히 어려서부터 교회를 다녔고 교회를 익숙하게 생각한다. 알아봐주는 선생님들도 많아서 임원단이나 찬양단을 거의 이 아이들이 이끌고 간다. 교회가 볼 때는 장래가 촉망되는 아이들이다. 그런데 이런 아이들이 전도는 영 꽝이다. 왜 전도를 못하는가 보았더니 다 그럴 만한 이유가 있었다.

첫째, 전도할 친구가 없다

이 아이들이 왕따라는 말이 아니다. 단지 너무 어려서부터 교회를 다니다보니 친구들이 이미 교회 안에 충분하다. 친한 친구가 교회 안에 다 있는데, 굳이 별로 친하지도 않은 친구를 데려와서 애매한 관계를 만들고 싶지 않은 것이다. 그리고 교회 친구들과 친하면 친할수록 학교 친구들과는 결속력이 떨어진다. 선교원 시절부터 알던 친구가 고등부쯤 되면 거의 10년 이상 지기가 되는 것이다. 이들 사이엔 사귄 지 몇 달 되지 않은 학교 친구들은 낄 자리가 없다. 그러니 이런 아이들에게 태신자를 작정하라면서 5명, 10명씩 쓰라고 하면 쓸 이름이 없어서 자기반 애들 1번부터 10번까지 그냥 써내고 말아 버리는 것이다.

둘째, 자기가 전도를 받아본 적이 없다

모태신앙이니 당연히 어디서 전도를 받아본 적이 없다. 문제는 자기가 전도를 받아본 적이 없으니 남을 어떻게 전도해야 하는지도 잘 모른다는 것이다. 이런 애들이 전도 못하겠다는 표정을 지으면 사역자들은 전도를 강조한다며 심각한 이야기들을 한다. "전도 안 하면 주님께서 네 친구의 피 값을 너한테 찾으신댄다. 네 친구가 지옥에 가는데 너는 급식이 넘어가니?" 이러면 또 몇몇 순진한 아이들은 부담감에 시달려 억지로 전도를 하는데 전도는 심각하게 접근하면 거의 실패하고 만다.

나도 학창 시절에 그랬다. 고등부 회장 시절, 전도사님의 강요가 너무 부담스러워서 친구에게 어렵게 말을 꺼냈는데, 그 첫 마디가 "너 예수님 안 믿으면 지옥간대~"였다. 전도는커녕 화가 난 친구랑 싸울 뻔 했다. 그런데 그렇게 심각하게 얘기해서 전도해 오면 그건 또 그것대로 문제다. 심각한 얘기를 해주며 데려왔는데 중고등부 예배가 전혀 심각하지 않기 때문이다. 지각하는 아이, 설교 시간에 조는 아이, 문자 보내고 잡담하는 아이…. 심각한 게 하나도 없다. 이러면 심각하게 전도한 아이만 이상해진다.

셋째, 일찍 와야 해서 친구를 데려오기 어렵다

제직 자녀들은 대체로 임원이나 찬양단 등에 속해 있기 때문에 교회에 아침 일찍 와야 한다. 9시 예배면 최소한 8시 반에는 와 있어야 한다. 그런데 어느 새친구가 그 아이를 따라서 8시 반부터 교회에 와서 앉아 있겠는가? 아침 9시도 아이들에게는 가혹한 시간이다. 몇 번 그렇게 따라온 아이들을 보았는데, 전도한 친구는 성가대에 앉아서 노래 연습하고 있고, 따라온 친구는 아직 난방도 되지 않은 예배실에서 친구가 노래 부르는 것만 덩그러니 보고 있어야 했다. 보는 내가 다 안쓰러웠다.

넷째, 전도 안 해도 별일 없다는 걸 이미 알고 있다

교회에 오래 다니다보면 몇몇 부작용들이 생긴다. 그 하나가 '너무 많은 것을 알고 있다'는 점이다. 교회 안 어딜 가야 쉴 곳이 있고, 어느 선생님 옆에 붙어야 먹을 게 나온다는 걸 다 알고 있다. 전도 시즌이 언젠지도 알고 있다. 교회마다 조금씩 다르지만 대체로 4월 아니면 6월이다. 5월은 행사가 많고 중간고사도 끼어 있어서 기피하는 편이다. 개학하는 3월이나 9월에 전도를 강조하기도 한다. 그렇게 한 달 정도 전도를 강조한 후에 전도주일을 마치고 나면 바로 부활절이나 수련회 준비로 분위기가 전환된다. 아이들도 경험으로 이런 체제를 다 안다. 그러니 태신자를 쓰라고 하면 '한 달만 대충 버티면 되겠지' 하는 마음으로 대강 넘어가버리는 것이다.

다섯째, 수련회에 별 기대가 없다

친구 데려오기 좋은 시기 중 하나가 여름수련회 시즌이다. 그런데 애들은 위에서 언급한 대로 너무 많은 것을 알고 있기 때문에 수련회에도 크게 기대가 없다. 가면 어떻게 진행될지 뻔히 안다.

저녁 먹고 나면 7시부터 찬양할 것이고, 한 시간 정도 찬양을 하고 나면 비장한 표정을 한 전도사님이 앞에 나와 좀 심하게 오래 설교하실 것이고, 그거 끝나고 나면 기도회 한다고 불 끄고 억지로 소리를 지르라 할 것이고, 다 끝나고 나서 이제 좀 밤에 놀아볼까 하면 다음날 일정 있다고 다 자라고 선생님들이 성질부릴 것이고…. 뻔한 패턴에 질려서 별로 기대가 없다. 오히려 학원 빠지는 것이 걱정돼서 갈까 말까 하는 판이다. 이러니 친구를 데려올 턱이 없다.

여섯째, 자기 노출을 싫어한다

제직 자녀들에게서 많이 나타나는 모습이 '이중성'이다. 이중인격이 아니라 교회에서의 모습과 학교에서의 모습이 다르다는 말이다. 역시 너무 많은 것을 알고 있다보니 교회에서 원하는 모습이 무엇인지 정확히 알고 있어서 광명의 천사로 위장해준다. 물론 학교에서는 위장을 벗고 본래의 모습으로 돌아다닌다.

중고등부쯤 되면 보는 눈이 많다는 것을 자각하기 때문에 교회가 불편해진다. 교회에서 친구랑 싸우기만 해도 소문이 신속하게 돌고 돌아 바로 부모에게 보고된다. 내가 모르는 'CCTV'들이 둥실둥실 떠다니는 것이나 마찬가지다. 집사님들이 아는 척 반갑게 인사해주면 오히려 부담스럽다. 하물며 학교 친구를 데려오는 것은 더 싫은 일이다. 학교에서의 자기 모습이 그대로 탄로날 우려가 있기 때문이다.

실제로 학교를 찾아갔다가 우리 임원 아이가 다른 아이들 '삥'을 뜯고 나오는 모습을 본 적도 있고, 야간 자율학습 마치고 태연히 담배 피며 나오는 찬양단 아이를 본 적도 있다. 당연히 이런 아이들은 내가 학교에 가는 것을 싫어한다. 교회에서는 천사로, 학교에서는 타락천사로 있고 싶어 한다. 그런데 친구를 데려오라니 꺼리지 않을 수 없다.

게다가 중고등부에 엄마가 와서 교사로 섬기는 경우가 꽤 된다. 학부모 교사에게 꼭 당부하고 싶은 말이 있는데 중고등부에 와서는 절대로 부모 티를 내지 말아달라는 것이다. 간혹 다른 아이들에게 자신의 자녀가 학교에서 어떻게 지내는지 묻는 경우들이 있는데, 이것은 자기 자녀에게 전도하지 말라는 말이나 같다. 절대 금물이다.

제직 자녀가 아닌 아이들이 전도를 잘하는 이유

반대로 친구 때문에 나오는 아이들은 교회에서 별로 주목을 받지는 못하지만 전도는 꽤 잘하는 편이다. 이들은 앞서 언급한 대로 부모들은 교회에 나오지 않지만 친구 따라서 왔다가 교회에 정착한 경우다. 이런 애들이 전도를 잘하는 이유는 제직 자녀들이 가진 약점과 정반대되는 강점들을 가지고 있기 때문이다.

첫째, 전도할 친구가 많다

어느 날 갑자기 교회에 와서 정착한 경우다보니 주변에 교회 다니는 친구들이 별로 없다. 당연히 전도할 대상자들이 대폭 많을 수밖에 없다. 게다가 '날라리 끼'가 있는 아이들은 활동 범위가 넓어서 친구들을 우루루 데려오는 경우가 많다. 그런데 제직 자녀들은 교회 안에서 7년 우정, 9년 우정 어쩌고 하는 친구들과 뭉쳐 다녀서 지경이 좁다. 생각해볼 만한 문제다.

둘째, 전도를 매우 쉽게 한다

애네들의 전도 방법은 그야말로 쉽다. 그냥 전화해서 오라고 하면 된다.

"야, 너 어디야?"
"응? 집인데?"
"지금 성서교회로 나와. 어딘지 알지?"
"어? 왜?"
"아, 묻지 말고 그냥 나오라고~"

이처럼 쉬운 전도가 어디 있는가? 지금도 잊혀지지 않는 학생이 있다. 1995년 대형 교회 중등 1부 교사 초년병 시절, 바로 옆 반에 '권보람'이라는 학생이 있었다. 엄청 떠들고 주의가 산만해서 거의 매주 혼나는 학생이었다. 그런데 유독 전도에서는 빛을 발했다. 당시 전도주일에 '이슬비 전도편지'를 나눠주면 다른 아이들은 1장 쓰기도 힘들어 하는데 혼자서 10장씩 가져갔다. 나는 이 녀석이 혹시 딱지를 접는 게 아닐까 싶어서 안 주려고 했는데 다 쓸 거라면서 받아가더니 정말 친구들의 이름을 모조리 적는 것이었다. 그런데 내용이 정말 웃겼다.

김용식, 일요일 아침 9시까지 구룡중학교 정문으로 나와라. 끝.

전도 편지인지 결투신청서인지 도대체 알 수가 없었다. 그런데 더 웃기는 건, 그렇게 보낸 전도편지를 보고 친구들이 나온다는 것이다. 한 명 전도한 아이들 찾기도 힘든 판에 혼자 네댓 명씩을 데리고 다녔다. 당연히 전도왕은 이 아이의 몫이었다. 나는 저런 아이를 우리 반에는 주시지 않고 바로 옆 반에 주셔서 약오르게 하신 주님이 참 원망스러웠다.

이 아이가 전도를 잘한 비결은 간단했다. 자기가 쉽게 나왔기 때문에 남도 쉽게 불러낸 것이다. 따지고 보면 예수님의 전도법도 지극히 간단하지 않았는가? "와 보라."

셋째, 친구를 데려오기 쉽다

예배에 늦게 와도 아무도 뭐라고 안 하기 때문에 친구 데려오기도 당연히 쉽다. 임원들이야 한 주만 늦어도 호되게 야단을 맞지만, 이런 아이들은 예배가 끝나갈 9시 40분에 와도 그저 반갑게 맞아주니 지각에 별 부담이 없다. 게다가 친구를 데려왔다고 하면 모든 죄를 사함(?)받으니 친구 데려오기가 훨씬 수월하다.

넷째, 어차피 딱히 갈 데도 없다

청소년 시기의 특징은 밖에서 놀고 싶어 몸이 근질거리는데 딱히 갈 데가 없다는 것이다. 학교 마치고 학원과 과외에 쫓겨다니는 우리네 아이들을 보고 있자면 쟤들이 시간이 언제 있을까 싶다. 하지만

어디나 사각지대는 있는 법이라서 그 바쁜 와중에도 학원 안 가고 과외 안 가고 거리를 배회하는 아이들이 있다. 이런 경향은 상대적으로 더 바쁜 고교생보다 중학생들에게 심하다. 학교는 끝났고 학원은 가기 싫고 PC방은 돈 없으면 못 간다. 그래서 인근 초등학교 뒤편에서 모이고 다리 밑에서 모이고 상가 옥상에서 모이는 것이다. 어쩌다 한 녀석이 갖고 나온 아버지 담배를 나눠 피면 곧바로 불량학생들로 찍혀버린다. 혹시 이런 아이들을 보게 되면 9시 뉴스에 나오는 그런 아이들로 착각하고 무서워하지 말라. 사실은 그냥 갈 데가 없어서 모인 애들이다.

갈 데 없는 이 아이들에게 여름과 겨울은 가혹한 계절이다. 너무 덥고 너무 추운데 그래도 집에는 가기 싫어서 배회해야 하니 얼마나 불쌍한가. 그런데 이런 아이들에게 교회는 아주 쾌적한 환경이다. 여름의 땡볕과 겨울의 혹한을 피할 수 있어 알아서 스스로 들어오는 경우도 상당히 된다. 웬만큼 규모가 작은 교회가 아니라면 중고등부 전용 공간 하나쯤은 있게 마련인데, 그곳은 이 아이들에게는 천국이다. 어쩌다 마주친 선생님들은 새친구들이라며 반갑게 인사해주고 뭐 먹을 거라도 하나 던져주고 가는 데다 집에 늦게 들어갈 때는 핑계도 댈 수 있어서 좋다. "엄마, 나 지금 교회야! 못 믿겠으면 목사님 바꿔줄 테니까 통화해봐~"

교회가 이런 부분을 신경 써줘서 저녁 시간에 공간을 좀 개방해주면 전도가 아주 쉬워진다. 그냥 방 하나 개방했을 뿐인데 자기들이 알아서 친구들을 우르르 불러오기 때문이다. 물론 이 과정에서 나오는 잡음과 부작용들은 여간 귀찮은 일이 아니지만 이 부분은 세 번째 장에서 따로 다루겠다.

다섯째, 수련회에 대한 환상이 있다

위의 방법을 통해 교회에 발을 디딘 어떤 학생이 내게 이런 말을 했다. "여름에 바다로 데려가준다면 영혼이라도 팔 수 있어요." 아직 뭘 모르니 그런 말을 하는 것이겠지만 물놀이 한 번 해주고 그 아이의 영혼을 예수님 것으로 살 수 있다면 백 번이라도 해야 하지 않겠는가? 어차피 여름수련회에서 물놀이 한 번 안 하는 교회는 없기 때문에 수련회 홍보 영상을 만들 때 바다 사진을 근사하게 넣고 물놀이 장면을 집중적으로 편집해서 보여주면 그것만으로도 이 아이들은 수련회에 친구들을 데리고 따라오게 되어 있다. 대신 이 아이들은 반드시 부모님에게 연락해 확인을 해야 한다. 집에다 말도 안 하고 수련회에 따라오는 경우가 간혹 있다. 미리 확인하지 않으면 수련회 가다가 차를 돌리는 수도 있으니 조심하자.

여섯째, 감시하는 CCTV(?)가 없다

모범생이든 날라리든 자신이 노출되는 것을 좋아할 학생은 없다. 제직 자녀의 경우는 교회 안에 나를 알아보는 사람이 너무 많아서 문제지만 불신 부모를 둔 학생들은 자기가 교회에서 뭘 하든 부모가 알

수 없다. 이 점이 아이들에게는 상당히 매력적이다. 그것도 PC방처럼 부모의 잔소리를 들어야 하는 곳도 아니고 당당히 교회라고 큰소리 칠 수 있으니 더 매력적일 수밖에. 이런 내용으로 전화하는 아이들을 자주 본다.

"아, 내가 교회 좀 다니겠다는데 엄마가 왜 잔소리인 건데? 내가 애들을 때렸어? 아니면 술 먹고 사고를 쳤어? 교회 와서 좋은 말씀 좀 듣겠다는데 왜 자꾸 간섭이야?"

이렇게 큰소리 치고 나면 부모들은 일단 물러서게 마련이다. 교회에 대해서 잘은 모르지만 '설마 거기서 무슨 일이야 있겠냐' 하며 그냥 넘어가고 만다. 어차피 집에 안 들어갈 애들이라면 상가 옥상에서 서성이게 하는 것보다 교회 안에서 놀게 하는 게 훨씬 낫다고 생각한다. 적어도 교회 안에서는 음주, 흡연, 폭행 등은 자제하기 마련이니까. 교회 입장에서는 하늘을 봐야 별을 딴다고 아이들이 교회에 오래 있어야 복음을 듣고 진정한 의미의 전도가 이뤄질 것이 아니겠는가.

전도
체질 개선
프로젝트

　지금까지 속칭 날라리 아이들은 전도를 자유롭게 하는 데 반해 모태신앙 아이들은 전도를 못하는 이유를 살펴보았다. 날라리 아이들이야 적당히 멍석을 깔아주면 알아서 잘할 것이기에 여기서 자세히 적지는 않겠다. 그래도 구체적 적용이 궁금한 이들은 세 번째 장을 참고하기 바란다. 문제는 전도 벙어리인 모태신앙 아이들을 어떻게 전도 체질로 바꿀 것인가 하는 것이다. 사실 답이 없는 문제인지라 꾸준히 양육하면서 지속적으로 전도를 강조해주는 것 말고는 별다른 뾰족한 수가 없다. 그러나 훈련에도 요령이란 게 있듯이 여기서도 나름대로 주의할 점이 있다.

모태신앙 아이들을 전도 체질로 바꾸는 법

첫째, 교재는 쉬운 것을 택하라

4영리나 P4U 등 쉬운 교재로 하라. 어차피 모태신앙인 아이들은 교회를 충분히 오래 다녀서 신앙의 기본 원리는 대충 다 안다. 굳이 어려운 교재를 택할 필요 없이 머릿속으로도 충분히 외울 수 있을 만큼 간단한 것으로 연습을 시켜야 한다. 대부분의 전도 교재가 충분히 쉽게 나와 있기 때문에 별 문제는 없다. 그러나 간혹 상당한 시간을 들여서 공부해야 하는 교재도 있는데 이는 처음 복음을 전하는 아이들에게는 적합하지 않다.

둘째, 실습은 먼 곳에서 하라

무조건 먼 곳으로 가라. 내가 고3 때 중고등부 전체가 익산역 앞으로 노방 전도를 나간 적이 있다. 내심 전도지를 직접 돌리지 않는 찬양팀에 끼고 싶었지만 자리가 없어 어쩔 수 없이 전도지를 돌리며 전도를 하게 되었다. 그런데 전도를 시작한 지 얼마 되지도 않아서 우리 반 친구와 마주쳤다. 그것도 지난 주에 주먹질하며 싸웠던 친구였다. "너 여기서 뭐하냐?"라고 묻는데 '지난 주에는 주먹으로 나를 두들겨 패더니 이번 주에는 사랑으로 전도하고 있네? 가식적인 놈'이라고 하는 것 같았다. 손발이 오글거려서 차마 더 말도 못하고 그냥 집으로 갔다. 그 뒤로 다시는 고향 익산에서는 노방 전도를 하지 않았다. 물론 그 친구는 아무 생각 없이 그냥 말을 건 것이고 괜히 나 혼자 그렇게 생각한 일이었다.

　이것이 내가 실제로 겪었던 일이자 지금 우리 아이들이 두려워하는 일이기도 하다. 학교에서는 서로 욕하면서 싸우고 전혀 크리스천답게 살지 않는 아이들이 전도한답시고 전도지를 나눠주면 제일 먼저 떠오르는 두려움이 '아는 사람 만나면 어쩌나?' 하는 것이다. 지도하는 입장에서 이런 심리를 충분히 배려해줄 필요가 있다. 그러므로 전도 실습을 나갈 때는 가능한 먼 곳으로 가서 하는 게 좋다. 기왕이면 아이들이 전혀 가본 적이 없는 동네로 가서 하는 게 좋다.

　먼 곳에 가서 하는 전도는 의미가 없다고 생각할지 모른다. 그러나 어차피 우리 교회 앞에서 전도하라고 시켜도 열매 없기는 별 차이 없다. 우선 사람들의 시선을 의식할 필요가 없는 곳에서 전도하기 위해 입을 떼는 훈련을 시키는 것이 중요하다. 하나님의 말씀에는 놀라운 능력이 있기 때문에 말씀을 전하는 학생이 오히려 은혜받는 경우가 비일비재하다. 그러므로 일단 처음에는 무조건 입을 열어 전도할 수 있도록 유도하는 것이 중요하다.

셋째, 수련회 프로그램으로 응용하라

　전도 실습의 최적기는 바로 여름-겨울 수련회다. 수련회 둘째 날쯤 적당한 낮 시간을 배정해서 전도를 내보내면 상당한 효과가 있다.

　우선, 아이들이 마음이 열린 상태라 전도가 쉽다. 수련회에서는

어찌됐든 상당수의 아이들이 집회를 통해 은혜를 받기 마련이다. 둘째 날 낮이면 이제 한창 은혜에 달아오르는 시간이다. 전날 집회 때부터 은근히 밑밥을 깔고, 둘째 날에 전도를 내보낸 후에 실제로 열매 맺는 게 괜찮다 싶으면 저녁 집회 때 간증까지 할 수 있어서 이중 삼중으로 유익한 시간이 될 수 있다.

다음으로, 페널티를 통한 통제가 가능하다. 교회에서 전도 실습을 시키면 성격 안 좋은 애들은 기분 나쁘면 그냥 집에 가버리는 경우도 많다. 그러나 수련회에서는 자기 혼자 집에 갈 수가 없다. 게다가 전도를 충실하게 한 조에 가산점을 준다거나 물놀이를 우선적으로 하게 하는 식으로 통제가 가능하다. 막말로, 전도 안 하면 밥도 없고 집회 후 치킨도 없다고 협박(?)하면 툴툴거리면서도 다 따라하게 되어 있다.

게다가, 보는 눈을 의식하지 않는다. 위에 언급한 대로 수련회 장소가 있는 지역에서는 아이들이 아는 사람의 눈에 띨 염려가 없다. 따라서 '에라, 한번 해보자' 하는 식으로 용감하게 입을 떼는 아이들이 꽤 많이 나오게 된다. 이때에도 되도록이면 아이들이 서로 전도하는 모습을 보지 않도록 지역을 넓게 잡아주는 것이 좋다. 물론 전도하는 분위기가 충분히 잡혔다면 지역을 좁혀서 서로 전도하는 모습을 보며 도전받게 하는 것도 괜찮다.

또, 전도 받는 쪽도 훨씬 잘 받아준다. 수련회 장소는 대체로 도심이 아니라 산이나 농촌 마을을 끼고 있는 곳들이다. 승합차를 타고 조금만 나가면 마을이 한두 개쯤 있게 마련이다. 도심에서는 바빠서 전도지 한 장 받아줄 여유도 없는 사람들이 거의 대부분이지만 농촌의 경우는 그렇지 않다. 오히려 어린 학생들을 보고 마음이 푸근해져서 선선히 대화를 들어주는 편이다. 일하는 데 방해가 될까 걱정할 필요도 없다. 여름 수련회 시즌의 농촌은 그렇게까지 바쁘지는 않다. 이유는 낮 시간의 땡볕을 피해 꼭두새벽부터 점심 이전까지 거의 대부분의 일을 끝내버리기 때문이다. 그래서 농민들은 일찍 자고 일찍 일어난다. 오후에는 원두막에서 쉬거나 그리 급하지 않은 밭일 정도 하는 게 일반적이다. 이때 준비한 음료수나 선물을 가지고 원두막이나 정자에서 쉬고 있는 어르신들을 전도하면 거의 대부분 받아주신다. 일시적 전도이므로 설령 열매가 없더라도 입을 여는 훈련으로는 충분히 효과적이다.

넷째, 꾸준히 시켜라

아이들이 전도를 안 하고 넘어가는 이유 중에서 가장 큰 것은 사역자들이 중도에 포기하기 때문이다. 청소년 사역은 인내심과의 싸움임을 잊지 말라. 물론 포기할 만한 이유는 얼마든지 있다. 대부분의 교역자와 교사들은 교회에서 너무나 바쁘기 때문에 전도 외에도 해야 할 행사들이 많아 어영부영 넘어가버리기 일쑤다. 그런데 우리 아이들은 이런 데에는 눈치가 도사여서 전도 얘기가 나오면 버티고 안 움직이는 것이다.

● 여름 겨울 수련회는 전도 실습의 최적기

　이것을 극복하기 위해서는 절대로 전도를 포기하지 않을 것이라는 의지를 보여줄 필요가 있다. 하나의 예를 들자면, 태신자 작정을 할 경우에도 태신자 이름을 일시적으로만 적고 넘어가지 말고, 그 태신자 이름을 학생 이름과 함께 벽면에 게시하되 전도될 때까지 게시해 놓는 것이다. 학기 초에 정해 놓고 연말까지 절대로 떼지 않는 것이다. 학생이 50명이라고 한다면 50명 모두에게 태신자를 받고, 그 50명의 이름과 태신자의 이름 모두를 표로 만들어서 게시해 놓아라.

그리고 그 이름 위에 기도 스티커를 붙일 수 있는 공간을 마련해두라. 태신자를 위해 기도했으면 기도한 만큼 스티커를 스스로 붙이는 것이다. 그리고 실제 전도 여부와 상관없이 오래 기도한 학생에게도 시상을 해주는 것이다.

이런 식으로 하면 학생들에게 전도를 요구하기가 쉬워진다. 전도를 아예 못하는 학생도 태신자를 작정하는 것은 할 수 있다. 태신자 앞에서 입이 안 떨어져도 혼자 기도하는 것은 얼마든지 가능하다. 이렇게 하면 학생들 입에서 차마 못한다는 말이 나오지 않는다. 그리고 전도된 태신자가 있으면 노란색 형광펜으로, 등반한 태신자는 주황색 형광펜으로 표시를 해줘서 실제 기도의 열매가 나타나고 있는지 직접 볼 수 있도록 해주라. 잘 모르겠다면 옆의 태신자 작정 도표를 참고하라.

위와 같이 진행한다면 "곧 죽어도 전도는 못하겠다"는 아이들의 분위기가 많이 변할 것이다. 실제로 입이 열리고 열매가 맺히는 것을 보면 분위기는 반전된다. 중고등부 시절에는 부흥도 빠르고 쇠락도 빠르다. 하여튼 뭐든지 빠르기 때문에 이런 식으로 분위기를 혁신하는 것이 충분히 가능하다.

〈태신자 작정 도표〉

기도 스티커	v						v					
	v	v					v	v				
	v	v	v				v	v	v			
	v	v	v				v	v	v			
	v	v	v				v	v	v			
	v	v	v				v	v	v			
태신자	김○○	김○○					김○○	김○○				
	박○○	이○○					이○○	이○○				
	이○○	최○○					최○○	최○○				
중 1-1	정찬영	길도영				3-1	박종은	강지용				
기도 스티커	v											
	v											
	v											
	v											
태신자	김○○	김○○					김○○	김○○				
	이○○	이○○					이○○	이○○				
	최○○	최○○					최○○	최○○				
고 1-1	권도이	이정훈				고2	장찬영	정민지				

〈설명〉

① 전체를 2단으로 만든다. 3단으로 할 수도 있으나 높아서 스티커를 붙이기 어려우면 안 되므로 가능한 한 2단으로 하는 게 좋다.
② 각 단의 맨 아래에는 학생들의 반과 이름을 적는다.
③ 학생들의 이름 위에는 결신한 태신자의 이름을 적는다. 태신자의 이름은 학생의 이름보다는 약간 작게 한다.
④ 그 위에 스티커를 붙일 공간을 만든다. 1회 기도했을 때 한 장씩 붙이는데 1회당 적어도 30초 이상 기도해야 한다. 식사 기도하며 대충 끼워 넣는 기도는 3회당 한 장으로 제한한다.
⑤ 시상은 친구초청주일이 지난 그 다음 주에 시행한다.
⑥ 시상은 새친구를 많이 데려온 학생과 가장 많이 기도한 학생으로 나눠서 시행한다.

오늘날 교회 현실 속에서,
중고등부의 부흥은 학교 전도를 뚫어내지 못하면
불가능한 일이나 마찬가지다.
학교 전도는 해도 되고 안 해도 되는
선택 과목이 아니라
못하면 졸업을 못하는
필수 과목이나 마찬가지다.

:: 두번째 장 ::

아는 만큼 쉬워지는 학교 전도

학교
전도의
필요성

    앞서 살짝 언급했지만 내 주된 관심은 학교 전도다. 이것이 얼마나 중요한지 웬만한 사역자는 다 안다. 이른바 청소년 전도의 꽃이다. 오늘날 교회 현실 속에서 중고등부의 부흥은 학교 전도를 뚫어내지 못하면 불가능한 일이나 마찬가지다. 아울러 학교 전도에 실패하면 한국 교회의 내일이 암담해질 수밖에 없다. 학교 전도는 해도 되고 안 해도 되는 선택 과목이 아니라 못하면 졸업을 못하는 필수 과목이나 마찬가지다. 학교 전도의 당위성은 워낙 잘 알려져 있기에 간단히 설명하고 그 실제적인 방법을 소개하고자 한다.

주일학교가 무너진다

　주일학교의 황금기로 통상 70-80년대를 꼽는다. 이때는 출산율도 높았고 교회에도 아이들이 많았다. 장년 성도들의 숫자와 주일학교 학생들의 숫자가 거의 비슷했다. 1대 1이나 마찬가지였다. 본당보다도 교육관에 더 많은 학생들이 바글거리고는 했다. 그러나 이제는 과거의 영광일 뿐이다. 1990대 초반에 주일학교에 경고등이 켜지기 시작했고, 지금은 주일학교가 힘을 못 쓰는 현실이 더 익숙한 세대가 되었다. 청소년 부서가 부흥하면 신기한 일이라고 소문날 정도다. 과거 1대 1에 가깝던 장년과 유초등부 학생들의 비율은 현재는 5대 1 정도로 줄어들었고, 이 추세는 저 출산으로 인해 앞으로 더욱 심해질 것으로 보인다.

　중고등부의 경우는 더 심각하다. 교회에서 중고등부 학생들이 차지하는 비율을 대략 10-15퍼센트 정도로 잡는다. 이 비율은 그나마 크리스천 학부모들이 자녀들을 교회에 보내기 때문에 버티는 수준이다. 게다가 예전처럼 주말과 주일에 학생들이 교회에서 자유롭게 활동할 수 있는 상황도 아니다. 극심한 사교육 때문에 학원과 과외 수업이 거의 주말과 주일에 몰려 있고, 이는 주일 출석 자체를 위협하고 있는 상황이다.

시대가 변했다

그렇다면 70-80년대에 주일학교가 부흥했던 이유는 무엇일까?

첫째, 아이들의 숫자가 절대적으로 많았다. 어디가 됐든지 숫자가 많은 쪽이 전도하기 쉬운 건 당연한 일이다.

둘째, 딱히 '놀 거리'가 없었다. 고도 성장기에는 아이들을 챙겨 줄 여유가 없게 마련이고 아이들을 위한 문화는 후진국 수준이었다. 그런 시기에 여름성경학교, 인형극과 같이 뭔가를 보여주는 교회는 아이들의 호감을 사기에 충분했다.

셋째, 일찍 자고 일찍 일어났다. 한국 사회는 농경문화가 자리 잡고 있어서 일찍 자고 일찍 일어나는 것이 미덕이었다. "새 나라의 어린이는 일찍 일어납니다"라는 노래를 부르던 시절이었다. 주일 아침에도 여전히 일찍 일어난 아이들이 아침부터 심심한데 갈 곳 없나 하다가 교회를 찾는 것은 자연스런 일이었다.

그런데 2000년대에 들어와 과거의 장점이 고스란히 단점으로 변했다.

첫째, 아이들의 숫자가 줄었다. 말 안 해도 잘 알 것이다. 저 출산 문제는 단기적으로 해결될 성질이 아니다. 집값, 사교육비 등 복잡한 문제와 얽혀 있어서 앞으로도 단시일 내에 개선을 기대하기 어렵다. 계속 어렵다고 봐야 한다.

둘째, '놀 거리'가 많아졌다. 학교 교사들의 증언에 따르면 학교

교육의 콘텐츠가 교회의 것을 능가한 것은 이미 10년도 더 된 일이라고 한다. 굳이 학교와 비교하지 않아도 주일 아침에 아이들이 놀러 갈 곳은 이미 차고 넘친다. 적어도 재미로 교회에 오는 시대는 진즉에 지나갔다고 봐야 한다.

셋째, 늦게 자고 늦게 일어난다. 지난 20년간 가장 무섭게 발달한 것이 인터넷과 밤문화다. 농경문화에서는 토요일에도 저녁 9시면 자야 했지만 지금은 주일 새벽 2, 3시까지 안 자는 학생들이 많아졌다. 당연히 기상 시간도 그만큼 늦어졌다. 주일 아침 9시에 전화하면 자느라 안 받는 가정이 태반이다. 이런 아이들에게 별 재미도 없는 중고등부 아침 9시 예배에 나오라고 하면 과연 얼마나 효과가 있을까?

교회만 안 변했다

환경이 이렇게 변했음에도 대부분의 중고등부들은 아침 9시 예배를 고수하고 있다. 다른 대안이 없기 때문이다. 이미 구조적으로 중고등부 예배는 이른 아침에 드리지 않고는 달리 손을 쓸 수가 없는 실정이다. 11시에는 유초등부 아이들이 예배를 드려야 하고, 오후 1시에는 청년부나 기타 부서들이 이미 모임을 갖고 있기 때문에 중고등부는 어쩔 수 없이 아침 9시에 예배를 드리게 된다. 일부 대형 교회들은 공간이 충분하여 11시에 예배드리는 곳이 꽤 있지만 그건 대형 교회기 때문에 가능한 일이고 1,000명 미만의 교회들은 그게 불가능하다. 어찌 보면 웃기는 얘기다. 청년들은 늦게 자고 늦게 일어나는 것을 인정해서인지 주일 오후에 모이도록 해놓고 중고등부만 아침에 모이라니…. 이런 부조리한 상황에 울화가 치민 적이 한두 번이 아니었다.

중고등부 예배 시간을 옮길 수 없는 또 다른 이유가 있다. 부모들이 아침 시간에 자녀들을 교회에 데리고 오기 때문이다. 대개 이런 부모들은 교회 중직자들인 경우가 많아서 이들의 의견을 무시하기도 어렵고, 대체로 신실한 마음으로 자녀들을 데리고 오기에 딱히 뭐라 할 말도 없다. 게다가 교회 내의 비관적인 시선도 한 몫 한다. 어차피 중고등부는 공부하는 시기라 뭘 해도 안 될 테니 그냥 참고 아침에 예배드리라는 시선이다. 이런 장애물들이 꽤 많지만 이것들을 극복해내기에는 과제가 너무 많아서 사역자들도 할 수 없이 감내하고 있는 실정이다.

학교 전도가 답이다

옛날처럼 학생들을 교회로 불러 모을 수 없다면 학생들이 모인 곳으로 들어가서 그곳에 교회를 세우면 된다. 학생들을 교회로 불러 모으기 글렀다고 생각한다면 지푸라기 잡는 심정으로라도 도전해보

라. 학교에서 모임을 만드는 것은 생각보다 그리 어렵지 않고 충분히 실현 가능성이 있다.

학교는 좋든 싫든 학생들이 하루의 대부분을 보내는 곳이다. 이곳에 들어가면 수백 명의 학생들을 얼마든지 만날 수 있다. 또 학생들은 학교가 곧 홈그라운드기 때문에 외부인이 좀 들어온다고 해도 별로 경계하지도 않고 주눅 들지도 않는다. 게다가 학생들은 학교에서 오래 있어야 하니 일종의 권태가 있다. 누가 들어와서 특별한 모임을 갖는다고 하면 괜히 가서 기웃거리고 싶어진다. 또 먹어도 먹어도 돌아서면 배고픈 나이다보니 간식을 나눠준다고 하면 기를 쓰고 모여들게 되어 있다.

경북 경산에서 사역할 때 인근 M고등학교에서 6명으로 시작한 모임이 6개월 만에 150명까지 늘어났고, 내가 사임한 이후에도 100명 가까이 모이고 있다. 전교생이 680명에 불과한 학교에서 놀라울 정도로 모이고 있는 것이다.

교회에서 전도 행사를 한다고 생각해보라. 아이들을 모으는 것이 가장 큰 고민거리다. 그러나 학교에서라면 별로 수고하지 않아도 미어터지게 아이들을 모을 수 있다. 얼마나 행복한 일인가? 거기다가 불신 학생들도 잔뜩 있으니 우리 신앙의 본질인 영혼 구원 사역도 얼마든지 할 수 있다.

전도,
어떻게
시작할 것인가?

뭐든 책으로 볼 때는 그럴 듯한데 정작 실행에 옮기려면 막막한 법이다. 나 역시 막막한 상태에서 시작했다. 앞으로 전도를 어떻게, 무엇부터 해야 하는지 하나씩 설명하고자 한다.

두려움부터 없애라

솔직히 두렵다. 교역자든 교사든 학교에 선뜻 가기엔 너무 두렵다. 잘 모르기 때문이다. 나는 키 182센티미터에 몸무게 120킬로그램

이나 되는 거구지만 학교에 들어가는 것이 두렵지 않았던 적은 한 번도 없었다. 몇 번씩이나 들어간 곳인데도 불편했다. 학교 전도 모임을 이끌어야 하는 처지가 아니었다면 이 핑계 저 핑계 대며 몇 번은 빠졌을 것이다. 왜 그렇게 두려웠을까? 생각해보면 학교가 익숙하지 않아서였다. 아마 대부분의 사역자들이 같은 마음일 것이다. 그런데 가만히 묵상해보니 바로 이 마음이 학생들이 교회를 방문할 때의 마음이라는 걸 깨달았다. 우리야 교회가 홈그라운드지만 애네들에겐 영 두렵고 불편한 곳이었던 것이다. 학교 전도하러 갈 때 두려운 마음이 들면 이것이 바로 우리 아이들이 느끼는 마음임을 기억하라.

두려움을 없애는 데 가장 좋은 방법은 자주 가보는 것이다. 뭐가 됐든지 자주 보면 두렵지도 불편하지도 않다. 나는 두려움을 없애기 위해 수업이 끝난 저녁 시간에 운동 삼아서 학교 운동장을 돌곤 했다. 밤에 학교로 운동하러 나오는 사람들이 제법 되기 때문에 전혀 어색할 게 없다. 돌면서 기도하라. '주님, 이 학교가 주님의 학교가 되게 해주옵소서. 이곳에 다니는 학생들이 주님의 자녀가 되게 해주옵소서' 하고 기도하면 신실한 하나님께서 반드시 응답하신다.

어느 날인가는 S중학교 운동장을 돌다가 여학생들이 5대 2로 패싸움 하는 것을 본 적도 있다. 목사된 입장에서 그냥 넘어갈 수가 없어서 일단 싸움을 말렸다. 그런데 아이들이 하는 말이 자기들이 합의하에 싸우는 것이니까 말리면 다른 곳에 가서 싸우겠다는 것이 아닌가? 그럴 바엔 나라도 옆에 있어주는 게 낫겠다 싶어서 더 큰 사고가 나지 않게 심판을 봐주었다. 그런데 2명의 여학생들을 보니 '깡'이 장난이 아니었다. 무슨 배짱으로 2명이 5명을 상대했을까 싶었다. 그때 내심 스스로가 부끄러웠다. 아직 시작하지도 않은 학교 전도에 쫄아 있는 내 모습과 비교되었기 때문이다. 다행히 학교를 자꾸 돌다 보니 나도 모르게 '깡'이 자라는 것을 느끼게 되었다.

학교 전도에 뜻이 있다면 전도를 시작하기 최소한 한 달 전부터 새벽이나 밤마다 학교를 돌며 운동해보라. 두려움이 상당히 가실 것이다. 학교가 밥으로 보일 정도는 아니겠지만 '해볼 만하다'는 생각은 들 것이다. 그것만으로도 반은 성공한 것이다. 앞으로 학교 전도의 구체적 과정을 설명할 테지만 되도록이면 '학교 돌기'를 꼭 한 다음에 실행해주기 바란다. 학교를 도는 과정 속에서 학교 전도를 어떻게 할지 방법들이 정리될 것이고, 이 책에서 제안한 것보다 훨씬 더 생생한 아이디어들이 떠오를 것이다.

교회 안에서 학교 별 모임을 가져라

장사도 종잣돈이 있어야 하는 것처럼 어떤 모임이든 주춧돌을 놓아줄 창립 멤버 없이는 일이 되지 않는다. 그렇다고 학교 안에 무턱대로 모임을 만들 수는 없다. 학교 안에 모임 만들기를 간단히 설명하면 이렇다.

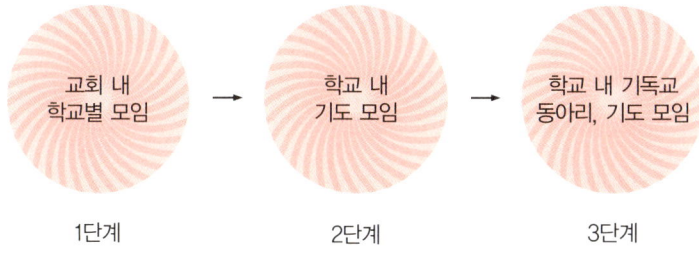

| 1단계 | 2단계 | 3단계 |

　이렇게 3단계의 과정을 거쳐야 한다. 가장 먼저 교회 안에서 학교별로 모이는 것이 기초가 되어야 한다. 간단하게 광고 시간에 "오늘 D중학교 학생들은 예배 후에 잠깐 모이겠습니다"라고만 말해도 된다. 그러면 다 모이지는 않고 절반쯤 되는 애들이 모일 것이다. 그러면 그 아이들을 위해서 그냥 기도해주면 된다. 그리고 학교를 위해서 기도하자고 말하고 같이 기도하면 된다. 자기가 다니는 학교를 위해서 기도하자고 하면 싫어도 싫다고 할 명분이 없다. 이런 식으로 학교별로 모여서 기도하는 분위기를 슬슬 조성하면 된다.

　뭐든 시작은 가볍게 해야 한다. 어느 기업 컨설팅으로 유명한 경제학자가 한 말이다. "가볍게 시작해서 실패의 리스크를 줄이고, 실적이 나오면 결과로 사람들을 설득시켜라." 기업인들의 방식이지만 매우 통찰력 있는 말이다. 학교 전도의 시작은 학생들이 눈치채지 못하도록 사전 준비를 해야 리스크가 없다.

　아예 반을 학교별로 편성해버리는 방법도 있겠지만, 내부 반발이 심할 테니 이런 형식은 전도 모임이 완전히 정착된 3년 차 이상부터 하는 게 좋다. 반 자체를 학교별로 편성하게 되면 담당 교사의 책임감이 훨씬 커지게 되고, 잘만 운용되면 학교 담당 교사를 자연스럽게 세울 수 있게 된다.

학교에서 모임을 시작할 때

한 달 가량 학교별로 모이고 나면 그 모임을 학교에서도 가질 만한 기회로 만들라. 구실은 뭐든 가능하다. 중간고사 때 시험 잘 보게 기도해준다고 하면서 모이라고 하거나, 수업을 끝내고 같이 떡볶이 먹으러 가자고 하면 웬만해서는 어렵지 않게 모인다.

이때 미리 알아둘 것은 사역자가 학교에 찾아간다고 하면 싫은 기색을 보이는 아이들이 나올 것이라는 점이다. 그 아이는 '제직 자녀이며 임원 활동을 열심히 하는 여학생' 일 확률이 매우 높다. 여자아이들은 상대적으로 남자아이들에 비해서 자신을 더 감추고 싶어한다. 비록 학교에서는 다른 아이들과 똑같이 욕설을 입에 담고 살아도, 담당 목사 앞에서는 천사처럼 보이고 싶은 것이 여학생들의 마음이니 당연한 일이다. 잘 구슬러서 진행하면 좋겠지만 단기간에 해결하기 어려운 일이니만큼 남학교를 먼저 시작하거나, 남녀 공학이면 남학생들 위주로 먼저 시작하는 것도 나쁘지 않다. 실제로 나도 남학

교 위주로 진행했다. 어차피 여학교의 경우, 남자 사역자는 입장 자체가 어렵다. 교직원 외의 남자는 출입금지라며 제지 당한 적도 있다. 대신에 여학생들은 '샘'이 많아서 다른 학교에서 열심히 모이는 모습을 보면 어떻게든 따라하고 싶어 한다. 그때를 노려서 학교 모임을 추진하면 된다.

장기적으로 이 문제를 해결하려면 결국 사역자와 학생 사이의 관계가 그만큼 친밀해지는 수밖에 없다. 아이들이라고 자신의 이중적인 모습을 좋아할 리 없다. 학교와 교회에서의 이원적 모습을 스스로 기도 제목으로 내놓을 만큼 사역자와의 관계에 신뢰가 쌓인다면 해결 못할 문제는 없을 것이다.

옷은 단정히 입고 가라

학교를 방문할 때는 최대한 단정히 옷을 입고 가야 한다. 나는 목사임에도 양복 입기를 귀찮아한다. 하지만 학교에 갈 때에는 반드시 양복을 입고 간다. 캐주얼 차림으로 갔다가는 학교 경비원에게 제지를 당하는 수가 있다. 아직 한국 사회는 옷차림으로 사람을 판단하는 경향이 있다는 점을 기억해야 한다. 게다가 학교에서 선생님들은 거의 대부분 양복 내지는 와이셔츠 차림이다. 학생들과 가까워지겠다고 캐주얼하게 입고 가면 혼자서 튀는 꼴이 된다. 잘못하면 학원 홍보하러 온 사람으로 오해를 받기도 한다. 모임이 정착되기까지는 최대한 정체를 숨기고 전도 모임을 진행해야 하기 때문에 절대로 옷차림으로 튀어서는 안 된다. 특별히 남자 사역자들은 양복을 빌려서라도 입고 가길 권한다. 양복 차림으로 가면 학교 선생님들을 다 알지 못하는 저학년들은 선생님인 줄 알고 인사하는 경우도 많다. 그만큼 활동이 자유로워진다.

점심시간을 이용해서 짧게 모여라

모임이 순항하게 되면 정기적으로 모이는 시간을 확실히 못 박아 두는 게 좋다. 뭐든지 시간과 장소가 분명해야 모이기 쉽기 때문이다. 특히 시간표대로 움직이는 것에 익숙한 중고등학생들의 경우는 더욱 그렇다. 가장 무난한 시간인 점심시간을 이용하자. 이 시간을 이용해 같이 기도하고 간식을 나누고 헤어지면 된다. 요즘은 학교가 급식을 하기 때문에 학년별로 모이는 시간이 다르다. 먼저 모이는 팀과 나중에 모이는 팀을 나눠서 두 번 정도 모여야 학생들을 모두 보고 갈 수 있다. 모이는 시간은 한 번에 15분 정도가 적당하다.

언제가 됐든지 학생들과 만날 때는 간식을 챙겨가지고 가라. 항상 배고픈 아이들이기 때문에 어떤 간식이든 환영받는다. '점심시간이라 급식을 먹을 텐데 간식이 효과가 있을까?' 라고 고민할 필요는

없다. 내 경험상 청소년들은 밥 먹은 직후에 또 간식을 먹는 데 아무 문제가 없고 단 한 번의 간식도 외면 받은 적이 없었다.

모임이 규모가 커지면 기독 교사를 섭외하라

간식을 주면 그 효과로 친구들이 하나 둘 따라오게 된다. 그렇게 되면 모임의 분위기가 슬슬 달라지기 시작한다. 처음에는 학교를 위한 기도 모임이었지만 불신 학생들의 숫자가 늘어나면서 그들을 위한 전도 모임으로 바뀌게 된다. 시작은 5-6명 정도였어도 친구의 친구들이 따라와서 어느 새 수십 명을 넘게 된다. 인원이 이렇게 많아지면 아무데서나 모일 수 없게 된다. 인원이 적을 경우 어디에 모이든 상관없지만 30명 정도 되면 교실 하나를 확보해서 모일 수밖에 없다. 그런데 학교가 순순히 공간을 내줄 리 없다.

이때 필요한 것이 학교 내에 있는 기독 교사를 섭외하는 일이다. 기독 교사가 섭외되면 그 선생님을 통해 아이들의 모임을 동아리로 등록할 수 있다. 신생 동아리 설립은 대개 지도 교사가 있고 해당 학생들 30명의 서명이 있으면 허락이 난다. 그렇게 되면 음악실이나 미술실 등의 공간을 활용할 수 있다. 예컨대 전도 모임을 가졌던 M고는 과학실을, K고는 음악실을 모임 장소로 쓰고 있다.

교사를 섭외하고 협조를 구할 때는 교사의 역할을 정확히 알려줘야 한다. 교사가 복음의 열정이 투철하여 적극적으로 나서준다면야 감사하지만, 대개는 '안 그래도 과중한 업무에 시달리는데 학생들을 데리고 또 다른 모임을 만들어야 하나?' 하며 부담감을 느끼기 쉽기 때문이다. 따라서 '교사의 역할'과 '전도대의 역할'에 분명히 선을 그어 설명해주어야 한다.

    교사의 역할은 위에서 언급한 대로 학내 기도 모임을 공식화시키는 것으로 충분하다. 모임을 주도하는 것은 사역자와 전도팀이 할 일이다. 교사는 이미 전도팀이 사전 작업을 다 끝낸 아이들, 즉 그 동안 간식 먹으며 '구워 삶아져서' 앞으로도 기꺼이 모임에 참석하겠다고 자원하는 학생들을 모아 동아리로 등록해주고 모일 만한 공간을 학교로부터 협조받는 것이 가장 중요하게 할 일이다. 학내 방송을 통해 모임이 있음을 공지해줄 수 있다면 금상첨화다. 이것은 외부인들로 구성될 수밖에 없는 학교 전도팀이 하기엔 절대로 불가능한 일이다. 하지만 이 정도의 일이라면 교사가 모임을 인도해야 한다는 부담감을 가지지 않아도 되고, 동시에 자신이 아니면 할 수 없는 일을 수행하는 것이기에 자부심도 가질 수 있다.

반대에 부딪히면 학부모의 지원을 받아라

    물론 교사가 있다고 동아리 등록이 100퍼센트 통과되는 것만은

아니다. 반대하는 교사도 있을 수 있다. 다양한 사람들이 모인 곳이므로 반대는 당연한 일이다. 특히 종교가 다른 교사들이 많을 경우에 반대가 심할 것이다. 예전에 전도 모임을 개척했던 M고는 교장, 교감, 교무처장 모두가 독실한 불교 신자라 기독교 동아리 신설이 턱도 없는 일로 보였고 실제로 여러 번 거절을 당했다.

이런 난관을 뚫어준 것이 학부모의 민원이었다. "우리 애들이 모여서 기도 좀 하겠다는데 학교가 막는 이유가 무엇입니까?"라고 교회 내의 몇몇 학부모를 통해 민원을 넣자 불교 교장단이라 할지라도 두 손 들고 허락을 해주었다. 문제가 생길 때는 혼자 끙끙 앓지 말고 여기저기 자문을 구해 해결책을 구하는 것이 최상이다.

학교는 우리가 생각하는 것보다 학부모의 요구에 민감하게 반응한다. 언론에 일부 못된 학교와 교사들의 모습만 방송되다보니 학교를 꽉 막히고 말 안 통하는 곳으로 오해할 수 있지만 실상은 그렇지 않다. 오히려 정반대로 학교가 학부모나 외부의 시선에 예민하다고 보는 편이 더 정확하다. 평준화 지역이 아닌 경우에는 이런 현상이 더 심하여 극단적인 경우 학교는 교육을 파는 '을'의 입장이고, 학부모는 학교를 입맛대로 선택하여 구매하는 '갑'의 입장으로 여겨질 정도로 학교의 위상이 낮은 곳이 많다. 학부모에게 민원을 의뢰했던 전도팀 역시, 기독 동아리 신설 문제가 이렇게 쉽게 해결될 줄은 몰랐다고 놀랄 정도였다. 이런 이유 때문에라도 교육부서와 학부모가 우호적 관계를 유지하는 것은 매우 중요하다.

전도팀이 직접 전도하는 것은 금물이다

학교 전도를 시작했으면 학교 안에서 '튀는 행동'을 극히 삼가야 한다. 특히 기독 동아리 모임을 허락받았다면 더 조심해야 한다. 몇 명이서 운동장 구석에서 간식 먹고 기도하던 때라면 학교도 주목하지 않지만, 정식 동아리가 되고 교실에서 모이게 된다면 여러 사람들의 이목을 끌게 마련이다.

이때 전도팀이 성급하게 학생들을 직접 붙들고 전도하면 안 된다. 자칫하다가는 동아리 자체가 폐쇄되는 수가 생긴다. 학생들을 모으는 것은 학생들 스스로 하라고 놔두면 알아서 잘 모아온다. 전도팀은 다 모인 아이들을 대상으로 복음을 전하는 것이지 교실 밖에 있는 아이들을 직접 붙들고 전도하는 것이 아니다. 그 아이들이 불쾌감을 느껴서 학교 선생님에게 이야기하게 되면 다른 종교를 가진 학생과 교사들을 자극시켜서 극심한 반대에 부딪칠 수도 있다. 실제로 학교 모임을 잘 만들어 놓고도 경험 없는 전도대원 한 사람의 실수로 모임이 폐쇄된 학교가 있었다. 한번 그렇게 되면 다시 모임을 만들기도 매우 어려우므로 절대 이런 사태가 발생하지 않도록 주의해야 한다.

전도팀이 준비하는 간식 역시 너무 풍성하면 곤란하다. 학교 안에는 매점이 있기 때문이다. 매점 입장에서는 간식을 들고 들어오는 전도팀이 곱게 보일 리 없다. 그러므로 적당히 매점 물건을 사주면서 전도 모임을 진행하는 것이 요령이다. 이를테면 초코파이는 외부에

서 들여오더라도 음료수는 매점에서 구입하는 식으로 하면 매점 입장에서도 별 말 없이 넘어가게 된다. 간식을 먹고 남은 쓰레기를 수거해주는 것도 요령이다. 기독 동아리 때문에 학교가 지저분해졌다는 말이 생기면 그 모임이 오래 가기 어렵다. 한 영혼을 구원하기 위해 뒷마무리까지 깔끔히 처리하고 가는 자세가 필요하다.

타 교회의 반발을 넘어라

우여곡절 끝에 M고에서 기독 동아리 모임이 시작되었고, 이 모임을 통한 전도 활동이 활기를 띠기 시작했다. 처음에 6명으로 시작했던 모임이 3개월이 지나자 150명까지 늘어났다. M고 학생의 수가 680여 명에 지나지 않음을 감안하면 전체 학생의 20퍼센트가 넘는 수가 모이는 상당히 거대한 모임이 된 것이다. 모임이 순항하게 되자 뜻하지 않은 문제가 생겼다. 인근 교회의 부장 집사로 섬기고 있는 선생님이 대놓고 불쾌감을 표시한 것이다. 동아리 담당 교사는 이제 몇 년 안 된 신참 교사인데 불만을 제기한 교사는 20년 차 교사였으니 자칫하면 모임 자체가 위태로워질 수 있는 상황이었다.

불만의 씨앗은 다름 아니라 전도 모임 시간에 나눠주던 성경 암송 카드였다. 그 카드는 우리 전도팀원이 직접 만든 것이었는데 여기에 교회 이름을 써넣은 것이 화근이었다. 전혀 예상 못했던 부분이었다. 즉시 실수를 인정하고 그 교사를 만나서 사과했다. 앞으로는 성경 암송 카드에 절대 교회 이름을 넣지 않고 다른 교회와 협력해서 사역할 것을 약속했다. 처음엔 당황스러웠지만 이런 현상은 충분히 생길 수 있는 일이고 조금만 더 생각하고 배려하면 극복할 수 있는 부분이다.

모임의 특성상 여러 교회 아이들은 물론 믿지 않는 아이들까지 오게 되는데, 이것이 특정 교회의 싹쓸이 수법으로 비치는 수가 있다. 사역하는 교회가 대형 교회라면 다른 교회가 느낄 상대적 박탈감은 더욱 커진다. 전도하는 쪽에서야 내 교회 네 교회 가리지 않고 순수한 마음으로 전도하는 것일 수 있지만, 옆에서 지켜보는 중소형 교회들 입장에서는 내 아이 빼가기로 비칠 수도 있는 일이다. 만일 이를 문제 삼아 "기독 동아리가 전체 학생들을 위한 것이지 특정 교회를 위한 사조직이냐? 그런 사조직을 왜 학교에서 허락해주느냐?"라고 다른 교회가 시비를 걸면 아주 난처해질 수 있다.

이런 문제를 예방하기 위해선 다음과 같은 과정을 거쳐야 한다.

첫째, 주변 다른 교회의 입장을 이해하라

자기네는 전도도 하지 않으면서 기껏 힘들여 전도하는 우리한테 뭐라고 한다고 같이 심통을 내면 산통이 다 깨지는 수가 있다. 아무리 순수한 마음으로 전도한다 할지라도 옆에서 보는 사람은 그것을 순수하게 안 볼 수도 있다는 것을 명심해야 한다. 또한 그것을 못 가

진 자의 심통으로만 치부할 일도 아니다.

우선, 어느 특정 교회가 와서 전도 모임을 가지면, 그 교회가 아닌 다른 교회를 섬기는 기독 교사의 입장에서는 부러운 마음이 생길 수밖에 없다. '우리 교회도 저런 모임을 해서 불신 학생들을 전도하면 얼마나 좋을까?' 라는 마음이 들지 않는다면 오히려 이상한 일이다. 문제는 부러운 마음이 쉽게 아쉬움과 질투로 이어진다는 것이다.

같이 사역을 하면 좋을 텐데 실제로 소형 교회 교역자들은 이미 다른 사역을 이중 삼중으로 하느라 학교 전도에 시간을 내지 못하는 경우가 많다. 게다가 우리 현실에서는 중고등부를 맡은 전도사들 중에 신학대학원에서 공부하는 이들이 많기 때문에 수요일이나 목요일에 전도하라고 하면 하고 싶어도 할 수가 없다. 그렇다고 교사들만 모여서 하자니 요령도 없고 어디서부터 해야 할지도 모르니 선뜻 시작할 수도 없다. 학교 전도를 하러 나가고 싶어도 못 나가는 교역자를 둔 교회의 부장 집사가 해당 학교의 기독 교사라면 어떻게 아쉬운 마음이 없겠는가? 이는 지극히 자연스런 반응으로 받아들여야 한다. 한 집에서도 형이 좋은 선물을 받으면 동생이 질투하기 마련인데 하물며 교회들 간의 관계는 오죽하겠는가?

또한 대형 교회는 자기 교회 이름을 홍보하는 데 주력하지는 않았는지 스스로 돌아봐야 한다. 대형 교회는 한국적 태생상 본의 아니게 주변 교회에 민폐를 끼친 예가 적지 않다. 따라서 주변 교회들의 시선도 곱지 않다. 내가 한때 사역했던 교회 역시 친구초청주일이 되면 엄청난 물량으로 아이들을 동원하여 주변 교회들의 지탄을 받았다. 한 부서는 친구초청주일에 문화상품권 1,000장을 사용한 적도 있다. 이렇게 되면 그 교회에서 주는 상품을 받기 위해 아이들은 일시적으로 자기가 다니는 교회를 제쳐두고 대형 교회로 몇 주간 출석하는 현상이 발생한다.

상품이 많으면 많을수록 그런 현상도 심해진다. 전도된 아이뿐 아니라 전도한 아이에게도 시상을 하는 것이 일반적이기에 학생들 사이에서는 일종의 '품앗이' 현상까지 벌어진다. "내가 네 교회 행사에 출석해줄 테니 너는 우리 교회 친구 초청 행사에 와줘라"라는 일종의 거래가 발생하는 것이다. 하이에나처럼 상품권에 혹해서 오는 아이들이 상당히 생겨났고, 이게 일회성이 아니라 매년 이루어지다보니 심지어 전도주일에 나눠주는 문화상품권을 뺏으려고 교회 근처에서 어슬렁거리는 '일진'들까지 생겨났다. 이는 돈은 돈대로 쓰고 학생들에게 못된 버릇만 길러주는 무지몽매한 일이 아닐 수 없다.

물론 대형 교회 입장에서는 이 학생이 어떤 과거를 갖고 있는지 스스로 말하지 않는 이상은 알 수 없으므로 억울할 수 있다. 그러나 대형 교회가 주관하는 동원성 행사는 좋든 싫든 이런 현상을 수반한다는 것을 잊어서는 안 된다. 당연히 주변 교회들의 원망을 사게 되고 이는 교회 간에 반복하는 불씨가 된다. 그래서 대형 교회일수록 대량의 상품을 미끼로 학생들을 동원하는 행사를 자제해야 할 것이다.

둘째, 교회의 색깔을 빼라

말로만 아무리 강조해도 실천이 없으면 소용이 없다. 실행에 옮겨라. 우선, 자신의 교회를 위해 전도한다는 생각 자체를 버려야 오래 갈 수 있다. 그러고 난 뒤 전도지나 각종 유인물에 교회 이름이 들어가 있는지 꼼꼼히 살펴보고 교회 이름이 들어간 것은 되도록이면 삭제해야 한다. 간혹 어깨띠까지 두르고 학교에 가는 경우가 있는데 절대 삼가야 할 일이다. 교회에서 열리는 친구 초청 행사를 홍보하는 것은 어쩔 수 없겠지만, 그것 역시도 동아리 안에서 자연스럽게 이루어져야 한다. 동아리 자체가 특정 교회를 위한 것이라는 인식을 주는 순간 모임의 존속 자체가 위태로워질 수 있다는 것을 잊지 말라.

셋째, 다른 교회와의 연합을 유도하라

한국 교회는 유난히 연합이 안 된다는 지적이 있다. 어쩌면 한국인 특유의 기질일 수도 있다. 나도 예외는 아니었다. 다른 교회까지 신경 쓰면서 사역하려면 여간 귀찮은 일이 아닐 수 없다. 그러나 주 안에서의 선한 연합은 주님께서 기뻐하시는 일이다.

우선 해당 기독 교사를 통해 학교 내에 다른 기독 교사가 있는지, 그 교사가 중고등부를 섬기고 있는지 알아낼 수 있으면 일이 쉬워진다. 불만이 들어오기 전에 먼저 연합 사역을 제의하면 된다. 그러나 대개의 경우, 교역자도 아닌 교사가 선뜻 오케이 하는 경우는 별로 없다. 그 교사 역시 부담감을 느끼기 때문이다. 그러나 어쨌든 먼저 연합 사역을 하자는 제의를 받았고 모임이 시작된 걸 알고 있는 한 모임이 커진다고 해도 그 교사는 불만을 표시할 여지가 없다. 그러면 반발의 우려 없이 사역을 진행할 수 있으니 그것만으로도 감사한 일이다.

다른 교회가 연합 사역에 동참하기 원한다면 같이 조율해서 하면 된다. 그 교회의 교역자가 학교에 올 처지가 아니라면 부장 집사라도 오게 하면 된다. 그것도 어렵다면 총무든 누구든 책임 있는 교사가 오면 된다. 정 안 되면 학교 전도 담당 교사를 한 명 세워서라도 오게 한다. 대개는 모임에 와서 자기 교회 학생들의 얼굴이라도 한 번 보고 가면 그 또한 보람 있는 일이기에 연합 사역을 긍정적으로 생각한다. 또 교역자가 예배에 참석하는 것이 가능하다면 설교를 돌아가면서 진행할 수도 있다. 이런 식으로 다른 교회와 안면을 트면 연합 수련회를 한다든가 연합 체육대회를 한다든가 하는 식으로 계속해서 친목을 도모할 수 있다. 연말에 그 학교 학생들을 위한 찬양의 밤 같은 것을 열어서 전도 행사를 더 폭넓게 추진할 수도 있다면 그야말로 보람된 사역이 될 것이다. 안타깝게도 나는 여기까지는 성공하지 못했다. 그러나 머지 않아 경험하리라고 믿는다.

학교 전도 모임 실행 매뉴얼

학교 전도 모임의 순서는 대략 찬양, 말씀 선포, 영접calling, 기도, 광고, 간식 순으로 이어진다.

찬양

모임은 찬양으로 시작한다. 먼저 기도하고 시작해도 무방하나 아이들이 모여들면서 자연스럽게 찬양하는 분위기로 이끌고 가야 예배에 몰입하기 더 쉽다. 느린 찬양은 분위기를 처지게 할 수 있으므로 밝고 경쾌한 곡으로 선곡할 필요가 있다. 기타 반주도 신나게 하는 게 좋다. 앉아 있는 학생들 대다수가 불신자라는 것을 기억하라. 찬양은 웬만하면 두 곡 이상 부르지 않고 되도록이면 한 곡으로 끝내는 게 좋다. 절수도 2절 정도 있는 찬양이 적당하다. 찬양 이후 곧바로 말씀 선포가 이어지므로 찬양을 마치면서 주의를 집중시킬 수 있는 곡을 골라야 한다. 따라서 끝 부분이 낮은 음으로 끝나는 곡은 좋지 않다. 무난한 곡으로는 '축복합니다' 등이 있다.

말씀 선포

주로 교역자가 말씀 선포를 한다. 하지만 가끔 부득이하게 교역자 대신 교사가 전도 모임을 인도해야 할 때가 있다. 평신도들이 모임을 인도할 경우 가장 부담되는 것이 메시지의 선포다. 따라서 이 부분의 설명을 좀 더 구체적으로 하고자 한다(참고용 설교문을 보라). 학교 전도에서 말씀을 선포할 때의 요령은 한 마디로 "복음을 전하라. 확신 있게 전하라. 명료하게 전하라"다.

첫째, 복음을 전하라

선포 방식은 간증처럼 하든 어떻게 하든 상관은 없다. 복음은 그 자체에 힘이 있다. 약간 전달력이 미흡해도 사람의 마음을 움직이는

능력이 있다. 그런데 간혹 보면, 아이들이 듣게 해야 한다는 압박감 때문에 우스운 이야기, 연예인 이야기만 하다가 끝나는 경우가 있다. 어려울수록 기본에 충실하라는 이야기는 메시지 전달에도 마찬가지로 적용된다. 전달자가 가장 먼저 점검해야 하는 것은 "지금 내가 복음을 전하고 있는가?"라는 사실이다.

둘째, 확신 있게 전하라

그 다음 기억할 것은 복음에 대한 확신을 갖고 전해야 한다는 것이다. "사상은 열정에 의해 전염된다"는 말이 있다. 통일교나 JMS 같은 사이비 종교에 사람들이 모이는 이유가 무엇이겠는가? 자신이 재림 예수라는 터무니없는 주장에도 불구하고 사람들이 모이는 이유는 그들이 확신 있게 전하기 때문이다. 복음에 대한 확신이 있으면서도 분위기가 어색해서 소신껏 말하지 못하는 경우가 있는데 '복음을 확신 있게' 전하는 것이 가장 중요함을 잊지 말라.

셋째, 명료하게 전하라

쉬운 설교가 좋은 설교다. 더욱이 학교는 교회가 아니다. 학교 전도 모임은 길게 가져봐야 20분 내외다. 이 시간 중에 말씀 선포 시간을 10분 이상 안배하기 어렵다. 짧고 명확하고도 강렬하게 전해야 메시지가 학생들의 마음을 파고들 수 있다.

그러므로 주제를 하나로 압축하라. 교회에서는 3대지 설교가 가능하지만 학교에서 3대지로 선포했다가는 애들 떨어지는 것은 순식간이다. 아래는 내가 학교 전도 모임에서 사용했던 설교 원고다.

본문 : 야고보서 4장 8절
제목 : 하나님을 가까이하라

얘들아, 벌써 4월이네. 개학하고 대략 한 달쯤 지났지? 각 반에서 많이들 싸울 거야. 맞지? 괜찮아. 남자들은 싸우면서 커야 돼. 나도 고1 때 제일 많이 싸웠던 것 같아. 나는 어려서부터 덩치가 컸기 때문에 각 중학교 짱 먹던 애들이 기선 제압하겠다고 비주얼 좋은 나를 지목하곤 했어. 덩치 큰 애를 두들겨 패야 폼 나 보일 거 아냐? 아, 정말이지 그땐 하루하루가 스타워즈였어.

근데 정말 재수없는 것들은 따로 있어. 자기는 싸움도 못하면서 일진 옆에 붙어서 알랑거리는 것들! 진짜 짜증이야. "저걸 확 그냥 없애버려?" 했더니 일진이 내게 눈을 부라리는 거야. 자기 친구 건드리면 가만두지 않겠다는 거지. 어쩌겠니 조용히 고개 박아야지. 아, 슬프다. 그런데 가만히 생각해보니 그것도 인생의 지혜더라고. 걔도 힘이 약하니까 살기 위해서 일진이랑 친해진 거잖아. 얘들아, 일진과 친해지기만 해도 좋은 점이 있더라니까!

근데 일진은 졸업하고 나면 좋을 거 하나도 없어. 진짜 좋은 건

서울대 총장님과 친한 거 아니겠니? 아주 친해서 총장님이 "근식아, 년 수능 안 봐도 무조건 받아줄게. 그냥 팔굽혀펴기나 하며 놀고 있어. 팔굽혀펴기 특별 전형 만들어서 받아줄게" 이러면 완전 좋잖아! 내가 이런 진리를 진즉에 깨우쳐서 서울대 총장님과 친해졌어야 하는데….

사실 더 좋은 건 빌 게이츠쯤 되는 어마어마한 부자랑 친해지는 거야. "빌 형님, 오늘 제가 피자가 땡기네요." "어, 그래? 그럼 1억쯤 줄 테니 알아서 사먹어. 아니다. 아예 피자 가게 하나를 통째로 사줄게. 문근식 점이라고 이름 붙이고 네 마음대로 해." 이러면 얼마나 좋니? "빌 형님, 제가 취직이 안 돼서 고민이에요." "그래? 그럼 내 옆방으로 와. 월급 1억 줄 테니 라면만 끓여라." 야, 이런 인생이라면 수능 따위는 우습지 않겠냐? 답안지를 발가락으로 쓰고 나와도 돼. 빌 형님이 취직시켜줄 텐데 무슨 상관이야?

그런데 진짜 좋은 건 하나님과 친한 인생이야. 빌 게이츠도 너희들이 말기 암 걸리면 고쳐줄 수 없어. 죽어서 지옥 가게 되면 구해줄 수도 없어. 돈 1조 원 쓰면 뭐하냐? 그걸로 구원받을 수가 없는데…. 하지만 하나님과 친한 인생은 지옥에 가지 않아. 예수님이 나를 위해서 죽어주셨기 때문에 예수님을 믿는 사람은 누구나 구원받는대. 이건 하나님이 하신 약속이야. 하나님이 당신과 친한 사람을 위해서 그걸 못하시겠니? 그러니 너희는 하나님과 친한 인생이 되어야 해. 빌 게이츠하고는 너희가 친해지려고 아무리 발버둥쳐도 못 친해져. 하지만 하나님과 친해지는 건 방법이 있지. 오늘 성경 암송 카드 같이 읽어볼까?

"하나님을 가까이 하라. 그리하면 너희를 가까이 하시리라. 죄인들아 손을 깨끗이 하라. 두 마음을 품은 자들아 마음을 성결하게 하라"(히 4:8).

하나님을 가까이 하면 너희랑 친하게 지내주시겠대. "하나님과 친해지고 싶어요"라고 고백하면 가까이 해주시겠대. 너희도 하나님과 친해지고 싶지? 그럼 내가 하는 기도를 따라해보자(기도로 마무리한다).

영접 calling

말씀 선포를 마치고 나면 영접 기도를 시켜라. 불신 학생의 수가 적으면 생략할 수도 있지만 그래도 자주 할수록 좋다. 하는 방법은 이렇다. 말씀 선포를 하고 기도를 따라하게 한 뒤 아직 눈을 감은 상태일 때 학생들에게 묻는 것이다.

"오늘 여러분 중에 하나님을 만나고 싶은 사람이 있으면 손을 들어주시기 바랍니다."

콜링을 유도하여 학생이 손을 들면 교사는 그 학생의 신상을 신

속히 파악하여 다음에 다시 연락을 주도록 한다. 콜링 시에는 부담을 주면 안 된다. 웬만큼 은혜받지 않고서야 낯선 모임에 와서 선뜻 손을 들기가 쉽지 않다. 따라서 콜링 시에는 모두 눈을 감게 하여 누가 손을 드는지 모르게 하는 것이 좋다.

　영접 기도를 따라서 할 때 손을 든 학생들만 따라하게 하지 말고 모두 다같이 한 목소리로 따라하게 한다. 이는 해당 학생들에게는 어색함을 줄여주고 다른 학생들에게는 콜링을 재확인하는 학습효과가 있다. 기도는 간단하게 하라. 길면 곤란하다. 영접 기도 방식은 4영리 등 웬만한 전도지에 다 나와 있으므로 그것을 참고하면 된다.

기도

　신앙의 생짜배기들이 많은 경우 합심 기도가 어렵다. 이런 경우 교사의 기도를 따라하게 하라. 처음 몇 주는 어색해해도 곧 따라하며, 꾸준히 추진하면 별 무리 없이 합심 기도에 안착할 수 있다. 기독 학생들의 수가 어느 정도 되면 합심 기도를 하라. 처음부터 학생들이 열정적으로 기도하리라고 기대해선 안 된다. 교회에서도 열정적으로 기도할 때는 수련회 정도가 아니던가. 대신 교사가 열정적으로 기도하라. 처음부터 강한 톤으로 기도하지 말고 중간 톤으로 시작해서 강도를 높여가는 것이 좋다. 기도는 대체로 인도자의 열정을 따라 가기 마련이다. 그러려면 처음부터 강한 톤으로 시작했다가 중간에 사그라지는 것보다는 중간 톤으로 시작해서 갈수록 기도에 집중하는 모습을 보이는 것이 훨씬 낫다. 기도 시간은 너무 길면 곤란하고 1-2분 정도로 충분하다.

기도 제목에는 학교를 위한 기도를 꼭 넣고 되도록이면 모임을 책임지는 교사를 위해서 기도하는 것이 좋다. 학교를 위해 기도하는 것은 학생들에게 모임의 명분을 준다. 왜 모여서 기도해야 하는지 구체적인 이유를 알게 될 뿐 아니라 자신들의 모임에 자부심을 갖게 된다. 또한 담당 교사는 학생들이 자기를 위해서 기도해주는 것에 자극을 받아 모임에 더 애착을 갖게 된다.

광고

광고 시간에는 사실 별다른 광고 내용이 없다. 모임을 홍보하고 다른 친구들을 데려올 것, 먹고 난 쓰레기는 잘 치울 것 등이 전부다. 그러나 이 내용이 꽤 중요해서 이것을 제대로 해야 마무리가 잘된다. 앞서 언급했듯이 간식 쓰레기가 여기저기 퍼지면 전도 모임 자체가 욕을 먹게 된다. 광고를 기독 교사에게 부탁해도 좋다. 동아리 지도 선생님으로서 아이들에게 뭔가 한 마디 정도는 해주는 게 그 교사에게도 좋기 때문이다.

● M고교에서 전도 모임을 진행하고 있다

    시간의 여유가 있으면 암송 카드의 말씀을 외워 오도록 과제를 내주고, 다음 주에 외워 온 아이들에게는 상품을 나눠주는 것도 좋은 방법이다. 시간이 코앞에 닥쳐야 부랴부랴 외우는 아이들이 대부분이지만, 말씀은 그 자체로 능력이 있기 때문에 말씀을 암송하게 하는 것은 언제나 좋은 일이다.

간식

　간식은 모든 순서를 마치고 나갈 때 출입문에서 나눠주도록 한다. 간식은 비쌀 필요는 없지만 수량은 넉넉하게 준비하고, 오랫동안 보관이 가능한 것을 선택하면 남는 간식을 그 다음 주에도 사용할 수 있다.
　간식을 나눠줄 때는 질서 있게 한 줄로 나가도록 유도하고 나눠주면서 학생들의 이름을 불러주는 게 요령이다. 학교에서는 다들 명찰을 달고 있으므로 이름을 불러주기가 용이하고, 그렇게 이름을 부르다 보면 금세 아이들의 이름을 외우게 되므로 꼭 해주는 게 좋다. 이런 점에서 학생들이 교복을 계속 입어주는 것이 전도에 훨씬 유리하다.

전도팀 꾸리고 역할 나누기

　앞서 언급했듯이 모임의 숫자가 30명이 넘어가면 한 사람의 힘으로 진행하기가 버거워진다. 따라서 장기 사역을 하기 위해서는 전도팀의 구성이 반드시 필요하다. 이미 학교 전도팀이 꾸려져 있다면 감사한 일이지만, 그렇지 않다면 교역자가 알아서 짜는 수밖에 없다.

첫째, 깡 좋은 40대 이상 여자 집사님을 찾아라

　전도팀을 구성할 때는 어느 정도 규모가 있는 교회에서 전도대의

〈학교 전도 모임의 시간 운영〉

순서	시간	분	담당자	내용	준비사항
준비	12:40 ~ 12:50	10	전체	• 합심 기도로 준비한다. • 악보, 성경 암송 카드를 자리별로 배치한다.	악보 성경암송 카드
입장	12:50 ~ 12:55	5	기록 담당	• 학생이 입장하면 입구에서 이름과 전화번호를 적도록 한다. 이때, 입구가 너무 혼잡하지 않도록 주의한다. • 학생들을 자리에 앉힌다.	기록지
찬양	12:55 ~ 1:00	5	찬양 담당	• 가볍고 경쾌한 곡 위주로 찬양한다. • 찬양은 한 곡 정도, 두 곡을 넘기지 않는다.	악보
말씀	1:00 ~ 1:08	8	교역자	• 메시지를 선포한다. • 성경 암송 카드를 이용하여 본문을 읽게 한다. • 메시지는 짧고 명료하게 전한다.	성경 암송 카드
영접	1:08 ~ 1:09	1	교역자	• 메시지와 관련하여, 예수님을 영접하고자 하는 여부를 묻고 영접 기도를 따라하게 한다.	
기도	1:09 ~ 1:10	1	교역자	• 영접 기도 후, 합심 기도를 하게 한다. 학교를 위한 기도를 꼭 넣는다.	
광고	1:10 ~ 1:13	3	광고 담당	• 첫 방문자들을 환영한다. • 성경 암송자를 시상한다. • 기타 광고를 전달한다.	간식 준비
간식 및 퇴장	1:13 ~			• 퇴장하는 아이들에게 간식을 나눠주며 환송한다. • 되도록이면 명찰을 보며 이름을 불러준다.	

지원을 받을 수 있다면 꼭 받는 것이 좋다. M고 동아리 등록 과정에서도 설명했지만, 어디서 어떻게 도움을 받을지 모르는 일이므로 되도록이면 널리 끈을 만들어 두는 것이 좋다. 또한 교회 전도대에 자원한 이들은 다 나름대로 전도에 열정이 있는 분들이기 때문에 더 헌신적인 자세로 봉사할 것이다. 장기적으로는 중고등부 교사 확충에도 도움되는 일이므로 전도부에 학교 전도대를 만들어 달라고 요청하여 지원받을 수 있다면 꼭 그렇게 하길 권한다.

그러나 자체적으로 전도대가 없는 교회라면 어쩔 수 없이 중고등부 안에서 자원을 발굴해서 전도팀을 꾸려야 한다. 교회 전도대도 마찬가지지만 학교 전도팀에 지원이 가능한 이들은 대개 40대 이상의 '아줌마'들이다. 학교 전도에 적합한 시간인 평일 점심시간에 시간

학교 전도하러 갈 준비를 하는 전도팀

을 낼 수 있는 연령층이 이 그룹뿐이기 때문이다. 청년, 대학생들은 당연히 시간이 안 되고, 30대 이하 집사님들은 자녀가 어려서 점심을 챙겨줘야 하기 때문에 어렵다. 따라서 전도팀이 40대 이상으로 구성될 수밖에 없다. 미리 실망할 필요는 전혀 없다.

내 경험상 학교 전도는 아줌마들이 훨씬 잘한다. 처녀 총각들은 교회 청년부에서는 펄펄 날지 몰라도 학교에 들어가서는 금세 위축되기 십상이다. 처음 개척하는 학교 전도에서 교사들이 먼저 겁을 먹어버리면 뒷일이 그만큼 고단해진다. 반면 인생을 어느 정도 살아온 40대 이상인 분들은 소위 '깡'이 좋다. 학생들을 봐도 다 자식 같은 처지라 별로 어색해하지도 않고 난관이 오면 여기저기 인맥을 활용해서 뚫고 가는 뚝심도 있다. 이런 탓에 전도팀은 아줌마들로 꾸릴 수밖에 없고, 또 그것이 훨씬 효과적이다.

둘째, 일은 나눌수록 쉬워진다

학교 전도팀의 역할 분담은 다음과 같다.

- 전체 진행 : 모임을 주관하고 모임 전후의 기도회를 인도하며 메시지를 담당한다. 교역자가 담당하는 것이 가장 자연스러우나 상황이 여의치 않으면 학교 전도팀 팀장을 맡은 교사가 담당할 수도 있다.
- 찬양 담당 : 기타를 연주하며 찬양을 인도한다. 기도회 시에는

잔잔하게 배경 찬양을 깔아주는 역할도 담당한다.
- 기록 담당 : 입장한 학생들의 이름과 신상을 기록한다. 이 일에 2명 이상이 필요하다. 한꺼번에 아이들이 몰리기 때문에 신속한 기록 능력이 필요하다. 모임 내내 학생들 옆에 있다가 영접 기도 때 예수님을 믿겠다고 손드는 아이들이 있으면 역시 신속히 신상을 기록한다.
- 출입 담당 : 모임이 시작되면 출입 담당이 필요하다. 늦게 오는 학생들이 요란하게 입장하면 전체 분위기를 흐트러뜨릴 수 있기 때문에 조용히 입장하도록 도우미가 필요하다.
- 간식 담당 : 퇴장 시 간식 분배를 맡는다. 기록 담당자 2명이 역할을 담당해도 무방하다. 사전에 간식을 구매하는 역할까지 담당한다.

약 4-5명 정도만 지원을 받아도 이상과 같이 역할을 분담해서 일을 진행할 수 있다. 지원자 수가 모자란다면 교역자가 찬양을 인도하는 일을 겸하거나 기록과 출입 담당을 겸하는 등 역할을 융통성 있게 조절하면 된다. 최소 인원은 교역자를 포함한 3명이다.

셋째, 전도팀이 재밌어야 전도가 잘된다
처음 전도를 시작하는 사람들에게 가장 부담인 것은 역시 두려움을 극복하는 일이다. 학교 전도라는 점에서 지레 겁먹고 지원하지 않

는 경우가 많다. 이 부분을 잘 설득해서 전도팀으로 끌어들여야 한다. 내부 결속을 위해서 전도팀끼리의 산 기도나 MT 등을 추진하는 것도 좋다.

몇 달 정도 진행하여 학교 전도가 익숙해지고 나면 전도팀 내에서 팀장을 선임하도록 하라. 여집사님들로만 구성되기 쉬운 전도팀에서 교역자가 언제까지 팀장 역할까지 담당할 수는 없다. 팀장을 선임하여 팀원들끼리 모여서 맛집도 찾아다니고 이야기 보따리를 풀며 스트레스를 해소할 수 있도록 해줘야 한다. 팀이 오래가기 위해서는 팀원들끼리의 팀워크가 좋아야 하고, 전도팀으로 모이는 것 자체가 재미있어야 한다. 이전에 있던 전도팀은 전도 날짜가 목요일이었는데, 항상 그 전날인 수요일 낮에 기도원에 올라가서 기도하고 싸온 음식을 나눠먹으며 소풍 분위기를 만끽했다. 영육간에 지혜로운 방법이라 할 수 있다.

교역자가 팀장을 세우고 리더십을 이양하는 타이밍이 참 중요한데, 이것을 잡아내는 센스가 필요하다. 교역자가 모임을 무한정 이끌고 가면 그 모임이 오래갈 수 없음을 기억하고 자기들끼리의 자생력을 키울 수 있도록 목표를 세워줘야 한다. 예컨대 기도회로 모일 때는 교역자가 인도하되, 그 이후의 모임 시간은 팀장에게 일임하고 빠져주는 것도 하나의 요령이다. 다른 유의사항은 위에서 얘기한 내용을 참고하면 된다.

전도한
아이들을
교회로
인도하기

　구슬이 서 말이라도 꿰어야 보배라고, 학교에서 100명 넘게 아이들이 모인다고 이야기해봐야 교회에 아이들이 출석하지 않으면 주변의 반응은 시큰둥하기 마련이다. 특히 교회가 숫자를 강조하는 분위기라면 주일 출석이 늘지 않는 한 이 사역을 제대로 평가해주지 않는다. 굳이 이런 면을 꼬집지 않더라도 학교에서 모이는 학생들을 교회로 인도하는 일은 매우 중요하다. 물론 학교 전도는 그 자체만으로도 아름다운 일이고 교회 출석으로 연결되지 않더라도 충분히 가치 있는 일이다. 그러나 학교 전도는 방학 때는 이루어질 수 없고, 졸업하면 모두가 뿔뿔이 흩어지게 된다. 그러므로 졸업하기 전에 아이들을

교회로 불러들이는 작업을 꼭 해야 한다. 내 교회가 아니면 다른 교회로라도 보내려고 노력해야 한다.

새친구 초청 행사를 마련하라

우리도 학교가 부담스러워서 학교 돌기 등을 하면서 두려움을 떨쳐내고 학교에 갔듯이 학생들도 마음 편하게 교회를 접할 수 있는 계기를 마련해주어야 한다. 어찌 됐든 교회 문턱을 밟아보도록 하는 것이 중요하다. 그런 점에서 가장 무난한 것이 새친구 초청 행사다. 이 행사를 해보지 않은 이들을 위해 구체적인 프로그램을 하나 소개하고자 한다.

내가 사역했던 K교회는 전도에 열심이 있는 교회였기 때문에 전도에 관한 좋은 프로그램이 많았다. 교회에는 학교 전도팀이 이미 구성되어 있었고, 학교에서 모이는 아이들을 교회로 데려오는 프로그램도 있었기 때문에 조금만 손봐서 바로 적용할 수 있었다. 우선 기획안을 소개하고 순서를 따로 설명하는 것이 이해가 빠를 것이다. 다음은 2010년에 내가 직접 작성한 기획안이다.

2010년 하반기 핫미팅(hot meeting) 계획서

1. 전체 개요

1) 날짜 : 10월 30일 토요일 오후 2:00~3:00 (실제 시간은 1:30부터지만 강사가 무대에 올라가는 시간을 기준으로 했음)
2) 대상 : 불신 고등학생들 (M고 등 인근 4개 학교 학생들)
   - 학교 전도를 통해 데려온 아이들로 불신자들과 인도한 친구 위주로 구성.
3) 설교 방향 : 복음을 처음 듣는 학생들을 기준. 처음 예수님을 믿었던 간증이 들어감. 예수님을 잘 모르는 학생들이 공감할 수 있는 내용으로 진행함.
4) 예상 인원 : 250명 내외
5) 장소 : 본당 2층 그레이스 홀
6) 설교 전 프로그램 : 식사, 영상, 교회 소개. 먼저 온 학생부터 식당에서 식사하고, 식사를 일찍 마친 학생들이 2시까지 지루하지 않게 기다리도록 '달인' 영상 등의 개그 프로그램을 보여준 후 교회를 소개하는 영상을 상영할 예정임.
7) 설교 후 프로그램 : 간증은 최성찬 형제에게 모든 것을 일임하나 구체적인 결신 과정에서 어려움이 있을 수 있으므로 콜링 준비가 되어 있지 않다면 이 부분은 고등부 문근식 목사가 진행함.
8) 간증할 최성찬 형제를 소개할 사람 : 서영광 목사(전도부 담당)

2. 시간 진행

순서	시간	분	담당자	내용	준비 사항
준비	11:00 ~11:30	30	문근식	• 준비 상황 점검 및 기도회	
차량	11:30 ~12:40			• 배차 확인 • 학교별 담당자 확인	
도착	12:40 ~12:50		안내	• 식사장소로 학생들을 안내한다.	
식사	12:50 ~1:20	30		• 스파게티 식사 • 최성찬 강사는 성 사모, 문 목사와 함께 영접실에서 대기한다.	노인부실 대기

순서	시간	분	담당자	내용	준비 사항
영상	1:17 ~1:45	28	영상실	• '달인' 영상 상영 – 식사를 마친 학생들이 자연스럽게 이동하도록 한다. – 입장하는 학생들의 신상을 신속히 파악, 기록한다.	'달인' 영상 학생 신상 기록지
영상	1:45 ~1:50	5	영상실	• 고등부 소개 영상	
사회	1:50 ~2:00	10	서영광	• 핫미팅 개회 선언 및 간단한 찬양, 강사 소개	마이크
간증	2:00 ~2:50	50	최성찬	• 간증 및 퍼포먼스	음향 및 악기팀 점검
결단	2:50 ~3:00	10	문근식	• 최성찬 이후 등단하여 복음을 믿고자 하는 학생들에게 콜링	조명 준비
광고	3:00 ~3:05	5	문근식	• 다음날 예배 시간 및 간단한 광고 • 배차 확인	
폐회	3:05 ~			• 폐회. 음악과 함께 자연스럽게 퇴장	차량 확인

3. 팀별 역할 분담

팀구분	역할	세부 내용	팀장	팀원
강사 의전	의전	• 강사를 맞이하고, 영접실에서 준비하도록 배려한다. • 집회를 마친 후 숙소로 이동할 수 있도록 한다. • 행사 관리 : 전영애 (문 목사가 의전 담당인 관계로)		픽업 : 문근식 간식 : 전영애
영상팀	영상 상영	• 학생 대기 시간에 영상을 상영하고, 사회자 마이크 등 음향을 점검한다('달인' 영상). • 고등부 소개 영상을 제작, 상영한다.	정은규	이성은, 신나래

팀구분	역할	세부 내용	팀장	팀원
서기팀	학생 신상	• 신상기록 카드를 수거하고, 전체 인원을 파악한다. • 3행시 수거 (문근식, 서영광 심사) • 전체 인원 및 결신자 인원을 파악한다. • 파악된 인원 및 신상 기록을 학교 전도팀에 인계한다. • 볼펜 및 결신 용지를 배치, 배부한다. • 본당 내부 안내 (중간에 앉도록) • 초대장 없는 아이들을 위한 임시 쿠폰 발행	김주현	서기팀
식당팀	음식 준비	• 식사를 준비, 대접하며 정리를 담당한다.	김경숙	박정희, 신위선, 이영진, 김진우, 장혜정, 백정옥, 정정교, 최은정
안내팀	내부 안내	• 식사 장소 및 본당으로 학생들을 안내한다. • 학생들이 식사 후 본당으로 수월하게 이동하도록 돕는다.	최연희	박영미, 이영숙, 이경희, 류경림 (서기팀 보조)
	차량 안내	• 학생들과 같이 차량에 탑승하여 하차 후 노인부실로 안내한다. • 폐회 후 차량 안내 표지판을 통해 차량을 안내한다.		K고: 원순태, 태윤정, 박현경 J여상: 장영해, 신위선, 문덕권 M고: 오혜진, 박금례
차량팀	차량 운행	• 15인승 버스 2대 운행 (45, 25인승 버스는 지입)		최창희, 정한우. (예비: 이영진 외)

날짜 잡기

우선 중요한 것이 날짜와 시간을 잡는 것이다. 날짜는 중간고사나 기말고사를 피해서 잡아야 한다. 중간고사 직후가 좋지만 중간고사 기간에는 학교 전도 준비 자체를 쉴 수밖에 없으므로 중간고사를 마친 뒤 충분히 홍보할 기간을 가진 후에 행사를 할 수 있도록 날짜를 잡는 것이 요령이다.

시간은 토요일 학교를 마친 후가 무난하다. 토요일은 학업에 대한 부담이 가장 적은 날이고, 급식도 없이 하교해야 해서 배고픈 상태이므로 교회에서 식사를 준다고 하면 그 자체로 학생들의 귀를 솔깃하게 할 수 있다. 행사를 몇 주에 걸쳐 꾸준히 홍보해야 하는 것은 당연하다.

초청장을 만들어서 학생들에게 나누어주며 초청장에는 행운권 추첨번호 같은 것을 적어줘서 함부로 버리지 않게 한다. 개인당 3-5매 정도를 나눠주어서 평소에 학교 모임에 오지 않는 친구라 할지라도 같이 데려올 수 있도록 유도한다. 간혹 행운권 추첨번호를 많이 확보하려고 친구를 데려오지 않고 혼자 초청장을 몇 장씩 갖고자 하는 아이들이 나올 수 있다. 이것을 방지하기 위해 초청장 한쪽에 같은 번호를 써넣고 접수를 받을 때 이 면을 찢어서 추첨함에 넣도록 한다. 추첨함에 넣는 면에는 3행시 짓기 등 학생들이 자발적으로 참여할 수 있는 거리를 넣어주면 더욱 좋다. 물론 잘된 3행시 역시 시상한다는 조건을 달아줘야 한다.

차량 준비

아무리 홍보를 잘해도 제 발로 찾아오라고 하면 중간에 떨어져 나가는 학생들이 많을 수밖에 없다. 학교 마치고 오기로 한 아이들의 수를 대강 가늠한 후 인원에 맞게 차량을 준비해줘야 한다. 차량이 학교 안으로 들어갈 수는 없으므로 학교 인근에 준비시킨 뒤 아이들을 차량에 태워서 곧바로 교회로 올 수 있도록 한다.

또한 교회가 교통 요지에 있는 것이 아니라면 행사를 마치고 나서도 이용할 수 있도록 해주는 것이 좋다. 고객은 언제나 마지막까지 정성스런 서비스에 감동하는 법이듯 학생들에게도 마지막까지 배려해주는 모습이 필요하다.

식사

아이들이 교회에 도착하면 곧바로 식당으로 가도록 한다. 토요일에는 학교들이 점심시간에 거의 맞춰서 학생들을 보내주기 때문에 집회를 마치고 식사를 제공한다고 하면 아이들의 원성을 살 수 있고 집회에 대한 집중력도 떨어진다. 따라서 우선 도착한 아이들에게 식사를 대접해주는 것이 좋다. 금강산도 식후경이라고 배가 부르면 마음에 여유가 생겨서 교회를 한결 부드럽게 바라보게 되는 효과도 있다.

식사 메뉴는 만들기도 쉽고 아이들이 좋아할 만한 것으로 준비한다. 스파게티에 감자칩과 음료수를 준비하는 정도면 무난하다.

영상

식사를 마치면 자연스럽게 집회 장소로 갈 수 있도록 유도한다. 식사 시간은 사람마다 차이가 있으므로 먼저 식사를 마친 아이들은 할 일이 없게 된다. 이때 아이들의 무료함을 달래고 식사를 마친 아이들의 관심을 끌기 위해 재미있는 영상을 방영하도록 한다. K교회에서는 주로 〈개그 콘서트〉 코너 중 하나인 '달인' 영상을 연속 편집해서 방영해주었는데, '달인' 영상은 그 자체로 재미있고 한 타임이 약 3-4분 정도이므로 중간에 끊고 집회로 전환하기도 좋아서 매우 효과가 있었다.

학생들이 장내에 거의 찼다고 생각될 즈음에는 교회를 소개하는 영상을 내보낸다. 예배드리는 모습부터 학생들의 생동감 넘치는 모습을 주로 담는 게 좋다. 같은 학교에 다니는 학생들의 인터뷰 영상을 재미있게 담아 편집하는 것이 관건이다. 마지막에는 자연스럽게 예배 시간을 홍보하며 교회가 여러분을 기다린다는 메시지를 전달하면 된다. 사회자는 미리 준비하고 있다가 영상이 끝남과 동시에 행사를 시작하도록 한다.

강사 섭외

이날의 집회를 위해서는 외부 강사를 섭외하는 게 좋다. 담당 사역자는 매회 얼굴을 보였기 때문에 자칫 식상하게 느껴질 수 있다. 그러므로 사역자는 집회 전체를 인도하는 진행자의 역할을 하고 말씀 선포는 다른 강사에게 맡기는 것이 좋다. 그런데 집회 강사 선택이 의외로 까다롭다. 대부분 지명도 있는 강사는 섭외가 어렵고 또 새신자를 대상으로 집회하는 것은 누구에게나 어렵기 때문이다. 그러므로 이런 때에는 지명도가 높은 사람보다는 간증이 확실한 사람을 세우는 게 낫다. 목사가 아니라 전도사라 할지라도 상관없다. 검증되기만 했다면 집사가 해도 문제되지 않는다.

어차피 학생들은 연예인이 아닌 이상 강단에 서는 사람이 누군지 잘 모르고 관심도 별로 없다. 어른들이야 훌륭한 목사님이 오신다고 하면 그 사실만으로도 참여하고픈 마음이 솟구치지만 학생들 입장에서는 앞에 선 사람이 목사든 아니든 그닥 관심이 없다.

물론 여러 교회가 연합으로 집회하게 되면 간증할 연예인을 불러올 수도 있고 그 자체로 엄청난 홍보 효과가 되어 아이들이 많이 몰려들 수 있다. 어떤 교회는 연예인 '하하'를 초빙한 적이 있는데 예상보다 훨씬 많은 아이들이 몰려왔다고 한다. 그러나 대개의 경우는 이런 유명인을 부를 수 없기 때문에 차라리 일반 사역자들 중에서 강사를 고르되 간증이 확실하고 이를 짧은 시간 안에 강렬하게 전할 수 있는 사람을 선정하도록 한다.

결단 및 영접 calling

강사의 메시지가 끝나고 나면 곧바로 결단 및 영접 기도 순서를 갖는다. 이 순서는 사역자가 직접 맡는 게 좋다. 방식은 학교 전도 모

임에서 하던 것과 비슷하게 진행하면 된다. 다만 이때는 예배실 의자 위에 결신 용지와 볼펜을 미리 준비해놓음으로써 본인이 직접 예수님을 믿겠다는 서약을 하도록 한다. 결신 내용은 길어서는 안 된다. 오늘부터 예수님을 믿겠으며 주일 예배에 참석하겠다는 간단한 내용을 미리 프린트 해놓고 학생들은 그 밑에 자신의 이름과 전화번호, 간단한 주소만 적을 수 있도록 하라. 주소는 '○○동 ○○ 근처', 혹은 '△△아파트' 정도만 적게 한다. 간혹 개인정보를 밝히는 일에 예민한 아이들이 있는데 괜한 오해를 줄 필요는 없다. 주소를 확인하는 목적은 교회에서 집이 먼 아이들에게 차량 운행에 관한 정보를 주기 위함이다.

결신 용지를 적고 나면 곧바로 결신 용지를 수거할 수 있도록 진행 요원들이 근처에 있어야 한다. 나가면서 제출하라고 하면 먼저 가겠다는 아이들로 출구가 혼잡해지기 때문에 제대로 제출이 안 될 우려가 있으므로 그 자리에서 걷는 게 좋다.

제출된 용지는 행사를 마친 뒤 일괄적으로 검토하여 학생들에게 다시 연락할 수 있도록 한다. 여기까지는 전도팀이 수고해주어야 한다. 학교 전도 모임을 통해 얼굴을 알게 된 사람이 전화를 해야 효과가 크기 때문이다. 결신용지에 적힌 주소를 보고 집이 먼 학생들이 있다면 교회 차량 운행에 대한 정보를 주고, 차량 운행이 안 되는 곳이라면 교사들 중 개인 차량으로 봉사할 수 있는지 확인하여 시간 약속을 잡도록 한다.

새가족부는 학생들의 신상을 복사하여 가지고 있다가 주일 오전에 전도팀이 인도한 학생들을 인계하여 관리하도록 한다.

추첨 이벤트

행사의 마지막이다. 마지막은 어쨌거나 화기애애해야 하므로 추첨 등의 이벤트를 이 시간에 하는 것이 좋다. 앞서 언급한 대로 초청장에 있는 행운번호를 추첨하는 시간을 가져서 준비한 상품을 나누어준다. 행운권을 추첨하는 시간은 아이들이 모든 순서 중에서 가장 집중하는 시간이다. 이때 선생님들은 특별한 역할이 없더라도 앞에 나와 서 있음으로 학생들에게 미리 얼굴을 인지시키도록 한다. 행운권 추첨을 부장 집사님이 하는 것도 좋다.

이벤트는 두 가지 방식으로 진행되는데 하나는 방금 언급한 행운권 추첨이고, 또 하나는 제출면에 작성하도록 한 3행시 발표다. 학생들이 지은 3행시 중 재미있는 것을 집회 시간 중에 몇 개 추려내어 행운권 추첨 후 2차로 시상한다. 아이들이 지은 3행시를 읽어주고 3행시 주인의 이름을 불러주는 것만으로도 아이들은 상당히 즐거워한다. 따라서 행운권 추첨을 먼저 하고 3행시 발표를 뒤에 넣는 것이 좋다. 이 밖에도 교회의 형편이나 아이디어에 따라 여러 가지 이벤트를 응용할 수 있다. 무엇을 하든지 핵심은 즐겁게 마무리를 하는 것이다.

광고 및 폐회

추첨까지 끝나고 나면 이제 귀가할 일만 남았다. 광고는 짧게 두 가지 정도만 하면 된다. 첫째는, 주일 오전에 예배가 있다는 것, 둘째는 귀가하는 학생들을 위해 차량이 준비되어 있다는 것이다. 마침과 동시에 스크린에는 다음날 예배 시간을 적어 놓은 화면이 뜨고 흥겨운 음악이 깔리도록 하여 축제 분위기로 마칠 수 있도록 한다.

나가면서는 교회 출구로 가는 동선에 음료나 사탕 등을 띄엄띄엄 배치해 놓아서 학생들이 자연스럽게 교회 여기저기를 기웃거리며 담소를 나누다가 돌아갈 수 있도록 배려한다.

이상과 같이 학교 전도의 기획에서부터 친구 초청 행사까지 살펴보았다. 이런 방식 외에도 다른 방법으로 전도할 수 있다면 각 교회에 맞는 방법을 쓰도록 하라.

성인이든 청소년이든 교회에 남는 이유는
은혜를 받았든지 재미있든지
둘 중에 하나다.
둘 다 없는데 남아 있는 경우는 거의 없다.
즉 은혜받으면 교회 생활이 재미있고
교회가 재미있으면
은혜받기도 쉽다는 말이다.

:: 세 번째 장 ::

정착이 안 된다? 이렇게 해보라!

전도만
하면
장땡인가?

전도만큼이나 골치를 썩이는 문제가 바로 정착에 관한 것이다. 기껏 고생하면서 전도해왔는데 몇 주를 못 넘기고 도로 장기 결석자가 되어버리면 허탈하기가 짝이 없고, 교회에 새로 등록한 부모를 따라 중고등부에 들어온 아이가 재미없다며 부모와 같이 예배드리겠다고 가버리면 참 민망하기 그지없다. 뒷문을 잘 막으라는 말은 장년이나 청소년 모두에게 해당한다. 그러면 어떻게 뒷문을 막고 아이들을 잘 정착시킬 것인가?

나는 설문조사를 즐겨 하는 편이다. 그래서 새친구가 잘 정착하지 못하는 이유를 조사해본 적이 있다. 여러 교회를 거치며 설문조사

를 해본 결과, 아이들이 교회에 잘 정착하지 못하는 이유를 크게 세 가지로 나눌 수 있었다.

첫째, 재미가 없다.
둘째, 예배 시간이 너무 이르다.
셋째, 불신 부모가 반대한다.

아마 전국 대부분의 교회에서 마찬가지 답변이 나올 것이라 생각한다. 뭔가 강력한 끈이 없는 한 이 셋 중에 하나만 걸려도 정착은 물 건너가는 것이다. 그런데 이 세 가지는 사역자 입장에서는 참 대책이 없는 문제로 보인다. 재미없다는데 어떻게 갑자기 재미있는 분위기를 만들 것이며, 시간이 이르다는데 아침 9시 예배 시간을 어떻게 마음대로 옮길 것이며, 불교 신자인 부모님이 교회는 절대 안 된다는데 그걸 어떻게 바꿀 것인가? 처음 이 문제로 설문조사했던 날, '괜히 했다'는 생각이 들었다. 차라리 모르면 낙심이나 하지 않을 것을….

그러나 뜻이 있는 곳에 길이 있다고, 고생스러워서 그렇지 이런 문제들도 충분히 극복할 길이 있다.

정착이 안 되는 이유 1
재미가 없다

　내가 설문조사한 것에 따르면 정착이 안 되는 이유로 "재미가 없다"는 대답을 가장 많이 했다. 재미가 없다는 말에는 여러 가지 의미가 담겨 있다.
　우선 친구가 없다는 의미가 담겨 있다. 말이 잘 통하는 친구가 없으면 어디서 뭘 하든 재미가 덜하기 마련이다. 부모님이 가라 하니 한두 번은 내키지 않아도 가보겠지만 마음이 통하는 친구도 없고 교사의 관심도 뜨뜻미지근한 데다 설교 말씀도 마음에 와닿지 않으면 '내가 도대체 여기 왜 와서 앉아 있나' 라는 생각이 당연히 들게 된다. 이런 생각을 구구절절하게 다 쓰기 싫으니 그냥 재미없다는 답변

을 한 것이다. 학원에 가야 해서, 공부해야 해서 교회에 못 나온다는 말도 사실 뒤집어보면 재미없다는 말이나 마찬가지다. 애초에 학원 때문에 교회 못 나올 아이였으면 전도 행사에 오지도 않았을 것이다.

교사를 오래 하신 분들은 대개 감을 잡고 있겠지만 아이들이 공부 때문에 예배 못 나온다는 말은 사실상 핑계에 가깝다. 공부 때문에 밥 안 먹는 아이를 본 적 있는가? 아무리 바빠도 자기 할 일은 다 하게 되어 있다. 학원 갈 시간을 희생해가면서까지 예배드리고 싶지는 않다는 말은 "재미없는 예배 시간에 차라리 공부를 하고 말겠다"는 소리를 에둘러서 한 것에 지나지 않는다.

문제는 우리 예배 현실이 뭔가 아이들에게 흥미를 줄 만한 거리를 만들어내기 어렵다는 점이다. 일단 시간의 문제가 걸린다. 대개 아침 9시에 예배를 시작하면 마치는 시간은 대예배 시간과 비슷하게 연동된다. 예배를 마치고 자녀들을 데려가려는 부모들 때문에 더 시간을 끌기도 어렵다. 그런 점 감안하면 중고등부 예배 시간은 현실적으로 1시간 20분을 넘기기 힘들다. 예배에 40분 이상을 들이고 분반모임으로 20분 가까이를 쓰고 나면 그 외에 뭔가 특별히 아이들에게 기억에 남을 만한 행사를 해주기엔 시간이 너무나 모자란다.

교사들의 참여가 뜨뜻미지근한 것도 문제다. 중고등부 교사들을 보면 청년층보다는 장년층의 비율이 더 높다. 청년 교사들은 자기들과 나이 차이가 적은 중고등부보다는 더 어리고 귀엽고 쉬워 보이는 유초등부를 선호한다. 게다가 청년 취업문제로 갈수록 청년 교사들의 헌신도가 떨어지는 현실이다보니 중고등부에는 '아줌마, 아저씨' 교사들이 많다. 이분들은 성실하고 분반 모임도 무난히 이끄는 편이지만 앞에 나서서 마이크를 잡고 행사를 진행하는 것에는 부담을 느낀다. 자식뻘 되는 아이들 앞에서 분위기 띄우기에는 너무 채신없어 보이고 아이들과 코드를 맞추는 일도 부담스러워 웬만하면 앞에 나서고 싶어 하지 않는다. 교사로서는 참 좋은 분들이지만 뭔가 애들을 재미있게 해줄 만한 것을 하기엔 좀 무리가 있는 장년 교사들이다.

아이들은 뭔가 재미있는 것을 해달라는데 그러기에는 시간도 역량도 부족한 것이 현실이다. 그러면 어떻게 해야 이런 분위기를 반전시킬 수 있을까?

뭐 재미있는 거 없냐? 아이들은 늘 재미에 목마르다.

대안 1
축제를 열라

성인이든 청소년이든 교회에 남는 이유는 은혜받았든지 재미있든지 둘 중에 하나다. 둘 다 없는데 남아 있는 경우는 거의 없다. 이 둘은 유기적으로 맞물려 하나가 되면 나머지 하나도 같이 잘되는 경우가 많다. 즉 은혜받으면 교회 생활이 재미있고, 교회가 재미있으면 은혜받기도 쉽다는 말이다.

그러나 교회에 처음 나온 새친구들이 예배 시간에 한 번에 은혜받기를 바라는 것은 무리다. 믿음은 들음에서 나기 때문에 어느 정도 복음의 내용이 쌓일 때까지는 심령의 변화가 잘 일어나지 않는다. 그래서 새친구들의 초기 한 달이 정말 중요하다. 적어도 그 기간에 어느 정도 흥미를 보장해줘야 아이들이 정착할 수 있기 때문이다.

아이들이 재미없어 하는 이유도 사실 간단하다. 우리는 예배 시간 외에 별다른 활동을 하기가 참 어렵다. 주어진 예배 시간은 기껏해야 1시간 20분가량인데 그 시간으로는 예배를 드리고 분반 모임을 갖기도 벅차다. 찬양 15분, 설교 25분, 기타 광고 및 환영 10분, 분반 모임 20분…. 도대체 무슨 행사를 하거나 친해질 겨를이 없다. 아이들 식으로 말하면 수업만 듣고 바로 끝나는 모양새다. 교사가 뛰어나게 잘 가르쳐서 그 반이 마구 부흥한다면 참 고맙겠지만 그러기에는 교사들이 교역자들보다 열악한 처지에 있다. 분반 공부를 시작할라치면 예배 마치고 내려온 부모들이 눈총을 주고, 아이들이 한두 명씩 슬슬 먼저 간다고 일어서고, 나머지 애들도 듣는 둥 마는 둥 하는 가운데 주어진 시간마저 얼마 없다보니 교사들은 무슨 수를 쓰기가 어렵다. 원래 있던 애들을 관리하기도 어려운데 새친구 몇 명 왔다고 거기에만 집중할 수도 없지 않은가?

일곱 빛깔 전도법, 레인보우 7

그래서 제안하는 것이 아예 축제 시즌을 만들어서 그 동안 못한 2부 행사들을 집중적으로 진행하는 것이다. 내 경우는 통상 7주를 진행한다. 축제 이름도 여기에 맞춰서 '레인보우 7'이라고 부른다. 핵

심은 7주 동안 찬양 및 설교 시간을 최대한 줄이고 퀴즈대회나 요리 경연대회 등의 특별 행사를 진행하는 것이다. 우리가 여름 수련회를 가면 조별로 축구도 하고 저녁에 조별 발표회도 하고 최종 점수를 집계해서 시상하듯이 진행하는 것이다. 수련회 프로그램을 7주에 나눠서 배치하고 마지막에 다같이 시상하는 식으로 이해하면 된다.

여기서 이런 의문이 들 수 있다. 한 달에 한 번씩 행사를 하면 되지 굳이 7주에 몰아서 하는 이유가 무엇인가? 이유는 이렇게 해야 훨씬 효과가 있기 때문이다.

첫째, 집중의 효과가 있다. 행사를 한 달에 한 번씩 하면 그 주에 어쩌다 안 나온 아이는 꽤 오랫동안 다른 아이들과 친해질 기회가 없다. 그러나 7주간 연속으로 하면 적어도 몇 번은 행사에 참석할 수 있다. 친해지는 일도 마음이 열렸을 때 단기간에 이루어져야지 띄엄띄엄하는 행사는 새친구들에 관한 한 거의 효과가 없다. 격주로 출석하는 아이라도 자꾸 뭔가 계기가 있으면 다른 아이들과 자연스럽게 어울리게 되고 그러다 친구가 되는 것이다.

둘째, 학생들끼리 서로 잡아주는 효과가 있다. 7주간의 특별 기간을 정하고, 그 기간의 득점을 모아 최종 시상을 좀 크게 걸어주면 아이들의 눈빛이 달라진다. 매주 하라고 하면 못 하지만 기한이 정해진 것이기 때문에 한번 도전해볼 만하다고 생각한다. 그리고 각 조별로 출석 점수를 비중 있게 두면 아이들끼리 서로 연락해서 챙겨주게 된다. '저 친구가 나오거나 말거나 그건 선생님 역할이지'라고 생각하는 것과 '네가 나와야 우리가 우승할 수 있다' 라고 생각하는 것은 하늘과 땅 차이다. 게다가 이 기간에 새친구를 전도할 경우 전도 점수까지 주면 아이들은 더 분발하게 된다.

셋째, 새친구들의 소속감 유발 효과가 있다. 7주에 걸쳐 같이 프로그램을 진행하다보면 달란트가 서로 다른 아이들도 반드시 뭔가 하나는 자기 역할을 하게 된다. 예컨대 축구는 영 꽝인 아이도 퀴즈 주일에서 영웅이 될 수 있고, 퀴즈에서 별 재미를 못 본 아이도 포스터를 그리거나 요리대회가 있는 주간에는 빛을 보게 되는 식이다. 이런 조건이면 좋든 싫든 새친구도 어쩔 수 없이 뭔가 하나는 같이 하게 되고, 이럴 때 소속감이라는 것이 생긴다. 팀워크라는 것이 뭐 별 것인가? 손에 음식 재료를 묻혀 가며 한 가지 목표를 향해 같이 낑낑댈 때 아이들은 팀워크를 느끼게 되고 새친구들도 '우리 교회' 라는 개념을 갖게 된다. 이것은 한 달에 한 번씩 행사를 하면 얻기 힘든 열매들이다.

넷째, 교사들의 참여 및 발굴 효과가 있다. 한 달에 한 번씩 행사를 하면 대개 총무가 그 역할을 혼자 다 감당한다. 그러나 7주 동안 연속으로 행사를 진행하면 특정 교사 한두 명이서 이를 모두 주도할 수가 없다. 어쩔 수 없이 전체 교사들이 가동되어야 한다. 요리대회는 김 집사님, 포스터 만들기는 박 집사님 식으로 역할 배분이 되어서 일에 소극적이었던 선생님들도 책임감을 가지고 일하게 된다. 청년 교사들의 경우는 이런 자리를 통해서 자신의 숨겨진 끼를 발견

하기도 하고 중고등부에 더욱 애착을 갖게 되는 효과가 있다.

전도주일을 마치고 새롭게 조를 편성해서 이 행사를 시작하면 전도주일에 전도된 학생들의 누수를 상당히 해결할 수 있다. 어떻게 진행할지는 아래의 레인보우 7 기획안을 살펴보며 설명하겠다.

레인보우 7 기획안

1. 취지
7주간의 연속 행사를 통해 학생들 간에 친목을 도모하고 공동체 의식을 갖게 한다.

2. 개요 설명
- 수련회 조를 짜듯 전체 학년을 흩어서 4개 조로 나누고 7주간 7개의 미션을 수행하여 최종 점수로 시상한다.
- 무지개가 '빨주노초파남보' 이듯 각 주에 맞는 드레스 코드로 옷을 입게 하고 이를 점수에 반영한다. 옷 대신에 신발이나 손수건 등의 소품도 이용할 수 있다.
- 새친구를 데리고 올 때는 따로 점수를 더 반영해 전도에도 자극을 준다.
- 각 미션의 진행은 1명이 계속하면 신선함이 떨어질 수 있으니 교사들이 나누어서 진행한다.
- 4개 조에 각 교사들을 배치하되 청년 교사와 장년 교사를 골고루 포함시킨다.
- 점수판은 옆면에 부착하여 수시로 확인할 수 있도록 한다.

3. 시행 시기
추석이 지난 다음 주에 조 편성 및 일정을 공지하며, 실제 행사는 9월 넷째 주부터 시작해 11월 초에 마친다.

4. 진행 시간 (약 50분)

- 평상시 주일 : 9:00~9:50 예배, 9:50~10:10 공과공부
- 행사시 주일 : 9:00~9:40 예배, 9:40~10:30 레인보우 7 행사

5. 주간별 행사

날짜	주간	색	행사	진행담당
9/18	예비 주간		홍보 및 조 편성 알림	김미영
9/25	Red		조 이름, 조 구호, 조별 사진 찍기	이요셉 · 김동우
10/2	Orange		실내 레크리에이션	이요셉 · 오은혜
10/9	Yellow		포스터 페스티벌	김미영 · 박세나
10/16	Green		퀴즈 서바이벌	최슬아 · 권혁수
10/23	Blue		야외예배	유연휘 · 이정민
10/30	Navy		요리경연대회	변성희 · 정복임
11/6	Violet		찬양경연대회	나종걸
11/13	시상 주간		전체 시상	최효환 외

6. 우승팀 시상 : 놀이공원 야간 자유이용권

7. 점수 배점

① 출석 점수

- 각 조별로 인원 수가 같다고 규정할 때, 출석자 1인당 1점씩 기본 점수를 받는다.
- 새친구는 첫 주에 5점, 그 후로도 2점으로 인정한다.
  예) 1조 : 출석 12명 중 새친구 1명, 지난주부터 나온 친구 1명 = 17점
  미션 수행 능력이 떨어져도 잘 모이기만 해도 점수를 얻게 되는 시스템이다.

② 미션 수행 점수

- 1등은 20점, 2등 15점, 3등 10점, 4등 5점(모든 종목이 같은 기준임)
- 각 프로그램 진행자들이 재량껏 MVP 선정, 추가 점수 부여 등을 할 수 있다.
  단, MVP라 할지라도 5점 이상 주지 않고 등수의 균형을 깨뜨리지 않는다.

③ 드레스 코드 점수
- 무지개 축제인 만큼 해당하는 색깔의 드레스코드를 맞춰서 올 경우, 가장 잘 어울리는 옷을 입고 온 베스트 드레서에게 3점, 전체가 잘 맞춰온 조에게는 단체 점수로 5점을 준다.

  예) Green-Sunday에 녹색 옷을 맞춰 입고 온다거나, 최소한 녹색 양말이나 녹색 손수건 등 코드를 맞추어서 입고 와서 가장 잘 어울리는 조가 득점한다. 선정 권한은 목사나 해당 미션 담당자에게 있다.

8. 조 편성

	1조	2조	3조	4조
교사	김동우 오은혜 이요셉	권혁수 김미영 나종걸	정복임 박세나 유연휘	변성희 최슬아 이정민
학생	이수정 신용희 정은지 민병식 양시현 김준혁 김성훈 김영빈 한지우 현도원 김진휘 이준희 길도영 조민호 송우진 박지영 권민경 서지연	장찬영 송경은 김세영 권도이 이희우 이희주 박유빈 강지용 전창석 신진철 정민혁 정찬영 정희도 이준석 조혜리 편혜린 안 두 김은비	도재욱 오진영 임정원 김창환 정민지 이정훈 이창화 박원형 강지원 문혜정 최민규 현은서 이영은 고동희 권성재 윤지수 김서영 백지혜 이 솔	박종은 권 율 권도영 진수민 최민우 정현석 이상일 전혜수 정찬희 박인수 유경민 안형빈 김민태 김원영 박주현 이지현 박승원 임현지

'레인보우 7' 축제 진행의 요령

표 안에 있는 8가지 항목에 대해 자세히 설명하면 다음과 같다.

취지

행사 취지는 위에서 충분히 설명했기에 부가 설명은 생략한다. 핵심은 서로간의 친목을 도모하는 것이며, 새친구들로 하여금 소속감을 갖게 하여 안정적으로 정착시키는 것이다.

개요 설명

첫째, 수련회 때처럼 조 편성을 하라

조 편성은 기존의 반을 그대로 운영하지 말고 수련회 조를 짜듯이 전체 학년을 모두 섞어서 짜야 한다. 그렇지 않고 학년별로 운영해버리면 각 학년별로 역량 차이가 너무 벌어져서 경쟁이 되지 않는다. 한 조의 인원은 기존의 반보다 두 배 정도 많게 잡아주는 게 좋다. 자신이 속한 조에 사람이 많고 뭔가 북적북적하면 아이들이 더 재미있게 행사에 임할 수 있기 때문이다. 7주간 서로 다른 7개의 미션을 수행하게 하여 매주 우승 조를 가리고 순위에 따라 점수를 준 다음, 7주간의 점수를 모두 합산하여 최종적으로 우승 조를 정한다.

둘째, 드레스 코드로 분위기를 띄워라

행사 외에도 부가적으로 점수를 주어야 할 항목을 여러 개 만들어야 한다. 이유는 조 편성을 하고 나면 뜻하지 않게 우열조가 갈리기 때문이다. 어떤 조는 분위기가 화기애애한데 어떤 조는 우울해서 왜 조를 이 모양으로 짜 놓았냐는 불만이 나올 수 있다. 이는 조 편성을 아무리 잘해도 피해갈 수 없는 불만이다. 그러므로 아무리 분위기가 소극적인 조라 할지라도 점수를 얻을 수 있는 여지를 여러 개 만들어주어야 한다.

그 중 하나가 드레스 코드다. 콘셉트를 무지개로 잡았기 때문에 매주일 이름 붙이기도 쉽고 코드를 맞추기도 쉽다. 예컨대 첫 주는 빨강이므로 'Red-Sunday'라 이름 짓고 빨강 계열의 옷을 입고 오게 하는 것이다. 행사의 다른 프로그램에는 소극적인 아이들도 의외로 이런 것에는 신경을 써서 잘 맞춰오는 경우가 많다. 왜냐면 이 아이들은 행사 자체가 싫은 것이 아니라 대중 앞에 튀는 것이 부담스러워서 뒤로 빼는 것이기 때문이다.

이런 식으로 드레스 코드를 맞추면 시각적 분위기가 확 살아나고 아무것도 안 하더라도 서로의 색깔을 확인하는 자체만으로도 아이들은 재미있어 한다. 주황색이 드레스 코드일 때 나는 주황색 계열의 옷이 하나도 없어서 귤을 상자째 사서 돌리기도 했다. 이런 식으로 응용도 얼마든지 가능하다.

셋째, 새친구를 환영하는 분위기를 만들라

축제는 사람이 많아야 즐거운 법이다. 새친구를 데려오는 것도 점수에 반영하여 은근히 전도를 독려하고, 전도 주간에 미처 친구를 데려오지 못한 학생들에게 계속해서 전도에 대한 동기를 부여하라. 축구를 못하면 옷이라도 맞춰서 입고 오고, 옷도 없으면 친구라도 데려오라고 하면 그 중 하나쯤은 해야겠다는 분위기가 형성된다.

새친구에게는 점수를 후하게 주는 게 좋다. 굳이 새친구를 앞에 세워서 축복송을 불러주지 않아도 이것만으로도 자신의 존재감을 느끼게 할 수 있다. 사실 새친구가 왔을 때 앞에 나오라고 해서 환영해 주는 순서는 새친구들도 기피한다. 찬양 부르는 동안 혼자 서 있기도 뻘쭘하고, 앉아 있는 아이들도 별로 관심없는 표정으로 부르기 때문에 그다지 좋은 인상을 주기 힘들다.

넷째, 모든 교사들에게 역할을 골고루 맡겨라

빠지는 교사가 없도록 모든 교사에게 역할을 골고루 맡겨야 한다. 하다못해 사진 찍는 역할이라도 주어야 한다. 각 미션은 담당 교사가 매주 바뀌도록 하여 아이들에게 신선함을 주는 동시에 교사들에게도 책임감을 부여하도록 한다. 교사 배치의 요령은 어느 한쪽이 튀지 않도록 균형 있게 배치하되 교회의 상황에 맞춰서 하면 된다.

다섯째, 선의의 경쟁을 붙여라

선의의 경쟁을 전제로 하는 행사이므로 점수판은 눈에 잘 보이는 곳에 게시하고, 매주 점수를 스티커로 붙여서 학생들이 스스로 확인할 수 있도록 한다. 주보에도 게시하여 여러 곳에서 볼 수 있도록 자극을 줄 필요가 있다.

시행 시기

전도 행사를 마친 후 한 달 안에 실시하는 것이 좋다. 다만 7주 연속으로 진행하기 때문에 중간고사나 기말고사 기간을 피하는 것이 불가능하다. 그렇다고 시험 주간을 건너뛴다거나 하면 안 된다. 한 주라도 빠지면 분위기가 급속히 가라앉기 때문이고, 시험 시기는 대개 비슷비슷하기 때문에 모두 다 같은 입장이라 아이들이 크게 불만을 가지지 않는다. 시험 시기에 대한 배려는 좀 일찍 끝날 수 있는 프로그램을 배정하는 정도로 충분하다. 야외예배나 체육대회 같은 행사는 시험 이후 기간에 배정한다.

진행 시간

행사별로 소요 시간에 차이가 있지만 순서를 진행하기 위해서는 최소한 30분 이상을 배정해야 한다. 레크리에이션 같은 것은 시간 조정이 가능하고 찬양대회는 30분 내외에 끝낼 수 있지만 음식 만들기 같은 경우는 거의 1시간이 넘게 소요된다. 체육대회의 경우 아이들이 축구에 불이 붙으면 시간이 더 오래 걸릴 수도 있다. 따라서 뒷시간을 여유 있게 쓰기 위해서라도 예배 시간을 줄일 필요가 있다. 적어도 35분 이내에 마쳐줘야 한다. 설교 시간을 15분 내외로 맞춰줄 필요도 있다.

그런데 예배 시간을 줄이는 문제가 사역자에게는 고민스러울 수 있다. 7주간이나 설교를 짧게 해도 괜찮은 건지 고민된다. 그러나 설교의 영향력은 시간에 달려 있지 않다. 학생들의 정착을 위한 헌신이라 여기고 설교 준비를 더 치열하게 해야 한다. 25분씩 하던 설교를 15분으로 줄이는 것이라고 쉽게 생각해선 안 된다. 도가니로 금을 정련하듯 쉽고 짧으면서도 복음이 살아 있는 메시지를 준비해야 한다.

예배를 일찍 마치고 바로 본 행사로 들어가는 것이 꼭 필요한 이유는, 시간을 확보할 뿐만 아니라 부모를 따라서 일찍 귀가하려는 아이들을 잡아둘 수 있기 때문이다. 대개 분반 모임이 시작될 즈음에 대예배 시간이 끝나므로 그 시간에 맞춰서 부모들이 자녀들을 불러내는데 분반 공부는 예배가 아니라는 안이한 생각을 가지고 있는 듯하다. 그런데 그 시간에 전체 행사가 진행되고 있으면 부모들은 아직 순서가 안 끝난 것이라 생각해서 할 수 없이 애들을 놔두고 먼저 집으로 가게 된다. 이때 교역자가 부모들에게 이런 행사를 매주 하는 게 아니라 특정 기간에만 하는 것이라고 미리 언급해두면 어지간한 부모들은 그러려니 하고 자녀를 참여시키게 마련이다. 이렇게 되면 아이들도 훨씬 홀가분한 마음으로 행사에 집중할 수 있다. 전반적인

시간 진행은 대략 다음과 같이 보면 된다.

- 평상시 주일 : 9:00~9:50 예배, 9:50~10:10 공과공부
- 행사시 주일 : 9:00~9:35 예배, 9:35~10:30 레인보우 7 행사

주간별 행사

우선 사전에 행사를 충분히 홍보해야 한다. 조 편성표 및 향후 7주간의 일정표를 같이 붙여서 앞으로 어떤 식으로 행사를 진행할 것이라고 충분히 알려줄 필요가 있다. 중간 중간에 결석하는 아이들이 있으니 적어도 2주 이상 여유 있게 홍보하라. 조별로 앉는 자리까지 미리 정해주고 교사들에게 숙지시켜서 당일날 혼동이 없도록 한다.

첫 주에는 쉬운 미션을, 뒤로 갈수록 어려운 미션을 주는 것이 요령이다. 어려운 미션은 후반기에 배치해두고, 일정표를 미리 공지해서 조별로 차근차근 준비할 수 있도록 배려한다. 조가 처음 편성된 첫 주는 조 이름과 구호를 정하고 조별로 사진을 찍는 정도로 마치는 게 좋다. 색깔도 빨강 계열의 옷을 입고 오는 날이라 사진도 비교적 잘 나온다. 이날 사진을 많이 찍어서 3주차 포스터 제작에 자료로 쓸 수도 있다. 조원끼리 여러 번 모여 연습해야 하는 찬양 경연대회는 맨 마지막 주에 놓는 것이 좋다.

우승팀 시상

시상은 조원들끼리 같이 즐길 수 있는 상품으로 하는 것이 좋다. 교회의 상황에 따라 놀이공원을 같이 가도록 한다든지, 영화를 같이 보는 식으로 같이 즐길 수 있는 상품을 배정하길 권한다. 이때 상품은 약간 돈이 든다 싶은 것으로 준비해도 무난하다. 예를 들어 놀이공원 야간이용권의 경우 카드 할인 등의 혜택을 받으면 생각보다 저렴하게 이용할 수 있고, 그 외에도 할인 쿠폰이나 직원 할인가가 적용되는 워터파크 같은 곳도 생각해볼 수 있다. 다만 문화상품권처럼 개인별로 쓰게 하는 상품은 좋지 않다. 연합의 의미도 퇴색될 뿐더러 게임머니로 변질될 우려가 크기 때문에 안 주느니만 못한 상품이 되기 십상이다.

점수 배점

점수 배점은 앞의 도표를 참고하라. 여기서는 크게 출석 점수, 미션 수행 점수, 베스트 드레서 세 항목으로 나누어 점수를 주었다. 각 교회 상황 별로 응용해서 쓰면 된다. 관건은 "어떻게 하면 서로 균형을 맞추며 끝까지 선의의 경쟁을 하게 하느냐"다. 조 편성에 불만이 있는 조가 처음부터 뒤처져버리면 그 조원들은 7주 내내 흥미를 잃어버리고 만다. 따라서 학생들의 성향을 잘 파악하여 어떤 식으로든 한 조가 처지지 않도록 배려해주는 것이 필요하다. 각 조들이 점수를 골고루 많이 딸 수 있도록 점수를 잘 배점하는 것이 중요하다.

조 편성

수련회에서도 가장 신경 쓰이는 것이 바로 조를 어떻게 편성하느냐다. 그나마 수련회는 제한된 공간 안에 모두 함께 있기 때문에 조 편성에 실수가 있거나 불만이 좀 있어도 꾹 참고 따라갈 수밖에 없지만, 이 행사는 교회에서 주일날 하기 때문에 조 편성에 실수가 있으면 곧바로 참여율이 떨어져버린다. 이를 방지하기 위해서 다음과 같은 요령으로 조를 편성해주는 게 좋다.

첫째, 초안은 학생들이 짜게 하라

교사회의에서 각 조의 조장을 맡을 만한 아이와 부조장으로 보조할 만한 아이들만 뽑아서 나눈다. 그리고 나머지 학생들의 편성은 아이들에게 맡긴다. 수련회라면 추천하지 않는 방식이지만 이 행사에서는 이런 방식이 오히려 적당하다. 몇 주에 걸쳐서 조장들끼리 협의해서 편성하도록 하기 때문에 그만큼 불만이 줄어들게 되고 책임감을 키워줄 수 있다.

또한 장기 결석자들 중 조장과 친한 아이가 있으면 같이 배정해 주라. 어차피 잘 안 나오는 아이들이라 전력 외로 분류해 놓았는데 만약 조장이 설득해서 출석하면 곧바로 플러스 알파 점수를 받을 수 있기 때문에 장기 결석자들을 당겨주는 효과도 기대할 수 있다.

둘째, 새친구는 무조건 같은 조로, 저학년들도 비슷하게 묶어주도록 유도하라

임원들이 조 편성을 하는 가운데 알아서 조정되는 부분이지만 누락될 수 있으므로 재차 강조한다. 당연한 말이지만, 새친구는 무조건 친한 친구와 함께 묶어서 배정하는 게 원칙이다. 또한 저학년의 경우 무조건 나누는 것은 좋지 않다. 예컨대 전체 조가 4개 조이며 중1 여학생이 4명이라고 가정하자. 균형을 위해서는 이 4명을 모두 갈라놓아야 한다. 그러나 그것은 저학년에 대한 배려가 부족한 처사다. 차라리 2명씩 두 조에 넣고 나머지 두 조는 다른 학년 아이들로 충원하는 것이 바람직하다. 고등부 이상은 이런 배려가 없어도 별 문제없으나 중등부 1, 2학년까지는 이런 식으로 나눠주는 게 좋다. 그리고 조를 편성하는 임원들도 막내를 하나씩 감당하기는 부담스러워하기 때문에 둘씩 붙여주는 게 낫다.

셋째, 교사는 청·장년을 균형 있게 배분하라

교사는 청·장년을 섞어서 잘 배분해줘야 한다. 보통 12개 반이 있는 중고등부가 네 개 조로 통합하게 되면 한 조당 3명의 교사들이 배정되게 된다. 배정이 되면 각자에게 맞는 역할을 나눠준다. 예를 들면, 장년 교사는 전화 심방으로 자기 조 아이들을 챙겨주고, 프로그램에서 분위기를 돋우는 것은 청년 교사들이 담당하는 식으로 역할을 배분한다.

나는 '레인보우 7' 행사로 재미를 여러 번 보았다. 레인보우 7 행사는 교회가 재미없다고 느끼는 학생들이 재미를 느끼도록 소속감을 주고, 친구를 사귀게 해주며, 추억을 만들어주는 데 가장 효과적이다. 이 행사를 하반기에 시작하면 마칠 즈음 수능 시험이 다가온다. 그때 아이들이 자기 조의 고3들을 응원하러 가는 모습을 보면서 추억을 스스로 만들어 갈 줄 아는 아이들이 된 듯하여 흐뭇했다.

레인보우 7 미션 수행중

정착이 안 되는 이유 2
예배 시간이 너무 이르다

　새친구들뿐 아니라 잘 나오는 아이들도 하나같이 입을 모아 요청하는 것이 있다. 바로 예배 시간 좀 늦춰주면 안 되겠느냐는 것이다. 두 번째 장의 서두에서도 언급했지만 오전 9시에 예배드리는 것이 아이들에게는 여간 버거운 일이 아니다. 매일 아침 8시면 학교에 가는 아이들이 9시 예배가 뭐가 어렵냐고 묻는다면 현실을 전혀 모르고 하는 말이다. 일주일 내내 학교와 학원에 시달린 아이들은 그 보상심리로 토요일만이라도 실컷 놀고 싶어 하고, 항상 잠이 부족하다 보니 주일 아침에라도 원 없이 자고 싶어 한다. 그 결과 인터넷이나 게임을 하느라 토요일 밤을 넘겨 주일 새벽 1-2시에 잠드는 경우가

비일비재해서 당연히 아침 9시 예배는 못 나오게 된다.

　부모 입장에서도 일주일간 학업에 시달린 아이가 안쓰러워서 차마 깨우지 못하는 경우가 태반이다. 그래도 예배는 드리게 해야지 싶어서 토요일에 일찍 자라고 했다가, 일주일 내내 공부하다가 이제 스트레스 좀 풀어보려고 하는데 이것조차 하지 말라면 날더러 죽으라는 소리냐며 아이가 대들면 부모 입장에서는 할 말이 없어진다. 자녀에게 어깨가 처지도록 공부를 요구하는 쪽은 어쨌거나 부모 쪽이기 때문이다.

　그렇다고 이걸 부모의 불신앙이라고 단정하는 것은 너무 안이한 대응이다. 오늘날처럼 사교육 광풍이 몰아치는 세태에서 현실적으로 이 문제에서 자유로울 부모는 거의 없다. 진짜 문제는 이런 현실을 교회가 별로 심각하게 받아들이지 않기 때문에 사태가 수습될 기미가 안 보인다는 것이다.

　서울 약수동에 있는 S교회 중고등부를 사역할 때였다. 당시 그 교회는 특이하게도 중고등부 예배 시간이 주일 오후 1시였다. 부임 첫 주에 학생 숫자는 19명이었다. 주일 오후 1시라는 시간은 아이들에게 꽤 매력적이었는지 겨울 내내 열심히 사역한 결과 2월 말에는 36명까지 숫자가 늘어났다. 두 달 만에 거의 두 배로 늘어난 것이다. 이대로 가면 50명 돌파도 어렵지 않을 것 같았다.

　그러나 4월쯤에 청천벽력 같은 결정이 내려졌는데 중고등부 예배 시간을 오전 9시로 옮기라는 것이었다. 이유는 청년부 예배 시간을 좀 앞당겨주기 위함이었다. 대예배 후에 중고등부 예배가 이어지니까 청년부 모임은 그 뒷시간인 오후 3시에 모여야 했는데 대예배를 드린 청년들이 그때까지 기다리기 무료하다며 시간 조정을 건의했고, 이것이 중고등부에는 의견을 묻지도 않고 당회에서 통과되어 버린 것이다.

    예배 시간이 오전 9시로 바뀌자 바로 출석이 반 토막 났다. 출석이 심하게 떨어졌을 때는 6명을 앉혀 놓고 예배드린 적도 있었다. 무려 30명을 잃어버린 것이다. 심지어 청년 교사들도 결석을 종종 했다. 아무리 독려해도 분위기를 반전시킬 수가 없었다. 예배를 마치고 점심 먹고 나면 그때쯤 아이들이 머쓱한 표정으로 나타나곤 했다. 담임 목사님도 그제야 미안했는지 그 뒤로 한 번도 출석 수에 대해 얘기를 꺼내지 못하셨다. 열심히 사역해서 하반기에는 어느 정도 출석율을 만회했지만, 단 한 번도 20명을 넘어본 적이 없었고 나름 전도해서 데려온 아이들 중에 정착한 아이들은 없었다.

    여기서 주목해야 할 사실은 오후 1시 예배가 오전 9시로 바뀌고 난 뒤에 새친구들이 한 명도 없었다는 것이다. 이른 시간은 새친구들을 전도할 때 아주 큰 장애물이다. 토요일 저녁에 보통 아이들이 어른들보다 3시간 정도는 늦게 잔다. 부모가 10시에 자면 아이들은 새벽 1시에 잔다. 11시에 자면 아이들은 새벽 2시를 넘겨서 잔다. 부모가 자는 시간이 놀기에 더 없이 좋은 시간이기 때문이다. 그러니 기상 시간도 3시간 이상 늦어지는 게 당연하다.

청소년에게 주일 오전 9시는 장년에게 새벽 6시나 마찬가지다. 생각해보라. 대예배 시간을 새벽 6시로 옮기자고 하면 그걸 들어줄 교인들이 있겠는가? 총동원 전도주일을 정해놓고 집회 시간을 새벽 6시로 잡아보라. 어느 불신자가 그 시간에 전도되어서 나오겠는가? 그런데 중고등부에는 그런 말도 안 되는 요구를 버젓이 하고 있는 실정이다. 그것도 "옛날에 우리는 지금보다 환경이 열악해도 다 했어!"라는 듣기 싫은 소리를 늘어놓으면서 말이다.

문제는 예배 시간을 바꾸는 것이 사역자들의 권한 밖에 있다는 것이다. 어느 교육 전도사가 감히 예배 시간을 바꿀 수 있겠는가? 설령 이 문제에 관심을 가진 담임 목사님이 전폭적으로 지원한다 하더라도 이미 장년 위주로 짜인 교회 특성상 내부적으로 여러 요건들이 맞지 않기 때문에 예배 시간을 쉽사리 바꿀 수 없다.

대안 2
새친구 예배를 만들어주라

　그렇다고 어렵게 전도한 영혼들을 그냥 방치해두다가 도로 교회 밖으로 나가게 할 수는 없는 일이다. 이건 우리 사명과 본질에 직결된 문제라 더욱 그렇다.
　그렇다면 좀 무리가 되더라도 새친구들만을 위한 예배를 만들어주는 것이 하나의 대안이 될 수 있다. 아침 9시에 나오지 못한다면 저녁에는 나올 수 있을 것 아닌가? 그러나 대부분의 사역자들은 예배를 하나 더 만들라는 말을 들으면 눈앞이 아득해진다. 나도 그랬다. 주님마저 원망스러웠다. 그러나 실제로 해보니 그렇게까지 어려운 사역도 아니었고 못할 일도 아니었다. 오히려 주님께서 주시는 위

로와 새 힘을 얻어서 영적으로 더 충만해졌다. 예배 하나 더 만든다고 겁먹을 필요 없다. 찬양팀도 필요 없고 교사가 없어도 상관없다. 그냥 쉽게 말씀을 풀어주고 예배 후 떡볶이 먹으러 가는 것만으로도 충분하다. 예배라는 말이 정 부담스럽다면 그냥 '모임'이라고 해도 된다. 핵심은 새친구들이 부담 없이 정기적으로 교회에 올 수 있는 여건을 만들어주는 것이다.

다시 한 번 강조하지만, 예배를 하나 더 만든다는 강박감으로 시작하면 안 된다. 그냥 새친구들을 정기 심방한다고 생각하라. '그 시간에는 내가 이 아이들의 교사다'라는 마음으로 분반 모임 하듯이 시작해야 한다. 일일이 결석자들을 찾아가서 심방하느니 한꺼번에 모아 놓고 만나는 게 훨씬 쉽고 좋지 않겠는가? 아이들을 정해진 시간에 모아 놓고 오는 애들마다 기도해주고 간식 사주고 안부 물어보다가 같이 성경 읽고 기도하면 그게 커져서 예배가 되는 것이다. 예배를 너무 거창하게 생각해서는 안 된다. 아이들과 같이 놀겠다는 마음으로 시작해야 한다.

이것은 나의 독창적 아이디어도 아니다. 토요일에 새친구 예배를 드리는 모습을 처음 본 것은 이미 9년 전쯤 전에 내가 신대원을 다니는 전도사였을 때 지인인 P목사를 통해서였다. P목사는 면목동의 한 교회에서 사역하면서 인근 중학교의 학생들을 토요일에 초청해서 예배를 드렸다. 그때 P목사가 혼자 기타 치고 설교하고 모든 걸 다 하는 모습이 그다지 바람직하게 보이지는 않았다. 아이들의 집중도 별로 높지 않아 보여서 대수롭지 않게 생각했다. 그런데 지나고 보니 그런 형태가 꽤 바람직하다는 걸 알았다.

처음부터 교사진을 꾸려서 시작하려면 일이 커지고 구성하는 과정 자체에서 에너지를 많이 쓰게 된다. 그렇게 되면 새친구 예배에서 가장 중요한 융통성을 발휘하기 힘들다. 처음에는 가볍고 자유로운 형태로 시작하는 것이 좋다. '이왕 할 거 제대로 하자'라는 생각은 새친구 예배에서는 어울리지 않는다. 오히려 아이들의 상태나 성향에 따라서 그때그때 유연하게 대처하는 지혜가 필요하다. 어떤 날은 좀 제대로 예배드린 듯한 날도 있고, 어떤 날은 아예 축구만 하다가 끝나는 날도 있다. 그럴 때 무리하게 기존의 예배 형식을 강요할 필요는 없다. 관건은 이 아이들이 복음을 듣고 교회라는 곳에 익숙해지도록 하는 것이기 때문이다. 당연히 주일 예배와는 형태가 완전히 다르고, 지향점도 다르기 때문에 필요 없는 것은 과감히 뺄 줄도 알아야 한다.

새친구 예배의 롤 모델, 양떼 예배

내가 하고 있는 '양떼 예배' 사역에 대해서는 이미 책 첫 머리에서 소개했다. 다음 장은 그 양떼 예배의 순서지다. 보는 바와 같이 지극히 조악한 수준이다. 그러나 교회 주보를 제대로 볼 일이 없는 아

이들에게 잘 만든 순서지는 별 의미가 없다. 그냥 무엇을 하는지만 알려줄 수 있으면 충분하다.

사도신경은 되도록이면 넣어주는 게 좋다. 이것이 우리 믿음의 요약본이기 때문이다. 처음에는 무슨 말인지 잘 몰라서 헤매는 게 당연하지만 몇 번 반복하면 으레 그러려니 하며 따라오게 되어 있다. 그리고 나중에 기회가 될 때 차근차근 설명해주면 된다.

사도신경이 있음에도 기도문을 따로 만들어 넣어준 것은 기도가 무엇인지 대강이나마 가르쳐주기 위함이다. 사도신경에 비하면 훨씬 알아듣기 쉬운 말로 되어 있기 때문에 가르치기도 편하다. 처음에는 같이 읽기만 하면 되고, 나중에 수준이 좀 올라가면 학생들에게 기도를 돌아가면서 시켜도 무방하다.

찬양은 많아도 좋지만 새친구들의 특성상 모르는 곡이 많을 수밖에 없으니 되도록이면 쉽고 경쾌한 곡으로 넣어주는 게 좋다.

또 필수 성경 구절을 미리 정해 놓고 그것들을 여러 개 수록해야 한다. 새친구들은 성경을 찾아볼 수준이 아니기 때문이다. 성경책을 나눠주고 읽게 하면 좋겠지만 제직 자녀들도 잘 안 읽는 어려운 성경을 새친구들이 능숙하게 보는 것을 바랄 수는 없는 일이다.

이런 식으로 하면 한 번 만든 순서지를 가지고 몇 번씩 재사용하는 것이 가능해서 행정 작업을 많이 줄일 수 있다.

양떼 예배 순서지

《사도신경》
전능하사 천지를 만드신 하나님 아버지를 내가 믿사오며
그 외아들 우리 주 예수 그리스도를 믿사오니
이는 성령으로 잉태하사 동정녀 마리아에게서 나시고
본디오 빌라도에게 고난을 받으사 십자가에 못박혀 죽으시고
장사한 지 사흘 만에 죽은 자 가운데서 다시 살아나시며
하늘에 오르사 전능하신 하나님 우편에 앉아 계시다가
거기로부터 산 자와 죽은 자를 심판하러 오시리라
성령을 믿사오며 거룩한 공회와 성도가 서로 교통하는 것과 죄를 사하여
주시는 것과 몸이 다시 사는 것과 영원히 사는 것을 믿사옵나이다 아멘.

(기도문)
사랑의 하나님 감사합니다. 죄 많은 우리를 사랑해주시고
하나님의 자녀로 삼아주셔서 감사합니다. 우리 죄 때문에 예수님이
십자가에서 죽으시고 우리가 대신 구원받게 되어서 감사드립니다.
우리도 예수님처럼 죽음 이후에 부활할 것을 믿습니다.
우리는 죄의 유혹에 자주 넘어가지만 예수님께서 우리를 도와주시길
원합니다. 하나님 뜻대로 죄악을 버리고 가치 있는 인생을 살 수 있도록
도와주세요. 서로 사랑하는 마음을 주세요.
예수님의 이름으로 기도드립니다. 아멘.

(성경 구절)
요한복음 3:16 하나님이 세상을 이처럼 사랑하사 독생자를 주셨으니 이는 그를 믿는 자마다 멸망하지 않고 영생을 얻게 하려 하심이라.
요한복음 1:12 영접하는 자 곧 그 이름을 믿는 자들에게는 하나님의 자녀가 되는 권세를 주셨으니.
사도행전 4:12 다른 이로써는 구원을 받을 수 없나니 천하 사람 중에 구원을 받을 만한 다른 이름을 우리에게 주신 일이 없음이라.
이사야 41:10 두려워하지 말라, 내가 너와 함께 함이라 놀라지 말라 나는 네 하나님이 됨이라 내가 너를 굳세게 하리라 참으로 너를 도와주리라.
로마서 5:8 우리가 아직 죄인 되었을 때에 그리스도께서 우리를 위하여 죽으심으로 하나님께서 우리에 대한 자기의 사랑을 확증하셨느니라.
에베소서 5:8 너희가 전에는 어둠이더니 이제는 주 안에서 빛이라 빛의 자녀들처럼 행하라.
마태복음 5:16 이같이 너희 빛이 사람 앞에 비치게 하여 그들로 너희 착한 행실을 보고 하늘에 계신 너희 아버지께 영광을 돌리게 하라.
야고보서 1:5 너희 중에 누구든지 지혜가 부족하거든 모든 사람에게 후히 주시고 꾸짖지 아니하시는 하나님께 구하라 그리하면 주시리라.
마태복음 6:20 오직 너희를 위하여 보물을 하늘에 쌓아 두라 거기는 좀이나 동록이 해하지 못하며 도둑이 구멍을 뚫지도 못하고 도둑질도 못하느니라.

정착이 쉬운 새친구 모임

　새친구 모임은 학교 전도보다 한 단계 더 업그레이드 된 모임이다. 우선 교회로 아이들을 부른 자체가 큰일을 한 것이다. 어떤 목사님이 "새신자들이 교회 마당만 밟아도 은혜받게 하옵소서"라고 기도했다는데 어느 정도 타당한 말이다. 학교와 교회에서의 마음 자세는 사뭇 다를 수밖에 없다. 교회는 학교보다 은혜받기 훨씬 쉬운 환경이다. 새친구 모임은 정착이 쉽다는 것이 장점이다. 한 명 한 명을 따로따로 예배에 부르면 아이들이 적응하기 참 어렵겠지만 그 모임에 아는 친구들이 여럿 있다면 별 부담없이 나올 수 있다. 그 친구들이 10명만 있어 보라. 어딜 가든 겁날 것이 없다. 따라서 정착이 쉬워진다.
　새친구 사역에 필요한 요건을 소개하면 다음과 같다.

첫째, 자주 만나야 일이 된다. 공간을 열어주라

　앞서 말했듯이 청소년 사역은 관계가 가장 중요하다. 연애도 사역도 상대방과 눈을 자주 마주쳐야 이뤄지는 법이다. 교구 부목사를 해보니 장년 사역의 경우 상당 부분이 주중에 이루어진다는 사실을 알았다. 수요예배, 구역장 모임, 중보기도 모임, 구역 예배, 개업 등 경조사들…. 주중에 할 일도 많고 그만큼 장년 성도들을 만날 일들도 많다.
　그런데 정작 관계가 중요한 청소년 사역에서는 주중 사역이 잘

안 된다. 주중에는 학원이나 과외로 다들 바쁘기 때문에 사역자와 아이들이 서로 만날 일이 없고 만나기도 어렵다. 그러나 주일날만 아이들을 만나서는 제대로 사역이 될 수 없다.

새친구 예배인 양떼 예배를 시작할 수 있었던 것도 주중에 아이들을 충분히 자주 만났기 때문이다. 아이들은 하교하면 당연하다는 듯이 교회 식당에 가방을 던져두고 인근 초등학교로 공을 차러 간다. 이러니 아이들을 안 보고 싶어도 안 볼 도리가 없다. 나는 사실 그리 거룩한 사역자가 못 된다. 부끄러운 고백이지만 내가 혹시 삯꾼이 아닐까 고민했던 적도 많다. 그런 내가 이 아이들을 위해서 양떼 예배를 만들고 지금까지 이어오는 것은, 그렇게 자주 나를 보러 오는 아이들이 복음을 듣지 못해 지옥에 가게 된다면 훗날 내가 받을 질책이 얼마나 혹독할까 하는 마음이 들었기 때문이다. 바꿔 말하면 양심의 가책이 절로 들 만큼 아이들을 자주 보았다는 것이다. 이만큼 아이들과 친밀해지면 아이들만 데리고 예배를 시작하는 것이 그리 어렵지 않다.

그럼에도 막상 시도해보면 잘 안 되는 이유가 아이들이 교회에 오지 않기 때문이다. 사역이 제대로 이루어지려면 아이들이 교회 공간을 제 집 드나들 듯이 편하게 드나들 수 있어야 한다. 그것을 위해서는 사역자가 반드시 희생을 치러야 한다. 아이들에게 먹을 것을 사줘야 하고 아이들이 어지럽힌 공간도 정리해야 한다. '저 불량한 아이들은 뭔가?' 하는 교회 어른들의 의구심도 해소해줘야 한다. 귀찮은 일이지만 위기에 처한 청소년 사역을 회복하기 위한 작업이라고 생각하면 지극히 작은 일이다. 어차피 청소년들이 집에 안 들어갈 거라면 상가 옥상이나 초등학교 뒤편에서 모이는 것보다 교회에서 모이는 게 훨씬 건전하고 복된 일이다.

사실 이것을 강조하기에는 사역자들에게 미안한 면이 있다. 대부분의 사역자가 전도사들인데 전도사들은 주중에 학교에서 공부하느라 교회에 나와서 사역하기가 힘들기 때문이다. 그러나 학교를 다니면서도 월요일이나 토요일에 그런 일들을 할 수 있다. 나도 신대원 시절, 토요일에 새친구들을 종종 불러 모으곤 했다. 각자 처한 상황에 따라 월요 사역이나 토요 사역 등을 통해 돌파구를 찾아라. 많은 사역자들이 이런 상황을 극복하려고 노력하고 있기에 충분히 응용할 수 있으리라고 믿는다.

둘째, 있는 그대로 받아주라

새친구 예배는 돌발 상황이 자주 생긴다. "양아치 애들을 데리고 양떼 예배를 시작했다." 말이 쉽지 이런 아이들이 교회에 오래 머물면 머물수록 골치 아픈 일이 한두 가지가 생기는 게 아니다. 예배 강대상 위에 담배꽁초를 놓는가 하면 온갖 군데에 침을 뱉어 놓고 여기저기 휴지를 버려 놓아서 청소하는 집사님의 불만이 이만저만이 아니었다. 학교에서 골칫덩이였던 아이들이 교회에 왔다고 해서 얌전해질 리 없지 않은가?

어떤 아이가 나에게 라이터를 빌려 달라고 할 때는 정말 어이가 없었다. 그러나 이때 호통만 쳐서는 안 된다. 이 아이는 크리스천이 담배를 피지 않는다는 사실을 몰랐기 때문에 그런 말을 한 것이다. 모르는 것을 아이들에게 강요해선 안 된다. 기회를 보아 알아들을 수 있도록 차근차근 설명해주어야 한다. 실제로 아이들 대부분이 교회에서 담배를 금기시한다는 것을 전혀 몰랐다. 예배 시간에 교회가 교인들에게 술과 담배를 삼가하게 하는 이유를 성경과 한국 교회사를 인용하여 설명해주었더니 그제야 교회에서 담배를 감추기 시작했다. 중학생 시절에는 분별력이 부족하고 부끄러운 것을 모르는 아이들이 많다. 혈기왕성한 탓도 있지만 더 큰 이유는 곁에서 차근차근 가르쳐주는 사람이 없어서 그런 것이다. 지금은 다행히 침도 뱉지 않고 뒷정리도 꽤 잘하는 편이다. 한번은 뒷정리하는 아이들이 정리 안 하는 아이를 나무라며 이렇게 말했다.

"네가 안 치우면 우리 목사님이 혼난단 말야!"

나를 '우리 목사님'이라고 불러준 것도 기특했고 걱정해주고 정리하는 게 고맙기도 했다.

가르쳐야 할 것은 담배뿐만이 아니었다. 한번은 아이들에게 '이성친구가 생기면 받고 싶은 선물'에 대해 물어본 적이 있었다. 중2 남학생이 당당하게 '순결'이라고 대답했다. 그게 무슨 뜻인지 아느냐고 물었더니 우물쭈물하며 성관계라고만 대답했다. 이에 대해서도 역시 찬찬히 설명해주어야 했다.

이런 문제에 대해서 흥분하고 야단칠 수 있는 어른들은 많다. 야단치는 어른들의 말이 맞고 나도 그 말에 공감한다. 그러나 야단쳐서 아이들이 그리 쉽게 변하던가? 오히려 야단치는 어른들이 아이들에게 외면당하는 것이 현실이다. 방법의 잘잘못을 말하는 것이 아니다. 어떻게든 아이들을 변화시키는 것이 목적이라면 그 목적을 위해 방법을 바꿀 줄 알아야 한다는 것이다. 야단쳐서 될 일이 아니라면 품어줘서라도 변화시켜야 한다.

우리 교회 앞에는 분식집이 있다. 처음에는 아이들이 그 분식집을 자주 찾았다. 그러나 분식집 아저씨가 아이들을 자주 야단치자 아이들은 욕을 하며 다른 집으로 옮겨 갔다. 그 아저씨는 나름대로 의분을 가지고 한 일이었다. 아저씨가 내게 한 말이다.

"애들이 목사님을 그렇게 막 대하는 이유는 목사님이 호구잡히셔서 그런 거예요. 나는 저런 아이들에게 호구잡힐 생각이 없어요."

아저씨의 말이 맞을지도 모른다. 나 역시 가끔 '이것들이 정말 나를 만만하게 봐서 그런가?' 하는 생각이 든다. 그러나 한 가지 확실한 것은 아이들이 그 아저씨를 외면한다는 점이다. 주변에 변변한 분식집이 없음에도 웬만해선 그 집에 가지 않는다. 나는 이 모습이 오늘날 교회의 모습과 비슷하다고 생각했다.

교회에서 청소하시는 집사님이 이런 말을 한 적도 있었다.

"목사님, 저 아이들이 오기 전에는 우리 교회에서 이렇게 심하게 어지르는 아이들을 본 적이 없었어요. 아침에 9시 예배드리는 아이

들은 이렇지 않아요. 쟤들은 너무 심해요."

정말 속상했다. 쓰레기 버리는 것보다 더 중요한 것이 한 영혼에게 복음을 전하는 것이 아니던가. 그러나 곰곰 생각해보니 집사님이 없는 말을 지어내서 했을 리는 없었다. 묵묵히 교회를 위해 섬기시는 분인데 왜 거짓말을 하겠는가? 집사님의 눈에는 분명히 차이가 있어서 그렇게 말했을 것이다. 그런데 내 눈에는 애들이 지저분하기는 그야말로 50보 100보였고, 특별히 이 아이들만 더 지저분해 보이지는 않았다.

학생들의 집에 심방 가보면 방인지 돼지우리인지 구별 안 가는 애들이 부지기수다. 나는 학부모 심방을 가면 꼭 아이 방에 들어가서 아무 종이에나 격려의 메시지를 써놓고 온다. 그래서 아이들 방이 어떤지 훤히 아는 편이다. 방 정리를 잘하는 깔끔한 십대는 지구상에 없다. 있다면 아마 인간이 아닐 것이다. 그런데 오전 9시 예배에 나오는 아이들이 덜 지저분해 보인 이유는, 이 아이들은 어지를 시간도 없이 신속히 교회를 떠나기 때문이다. 예배를 마치기가 무섭게 바로 집으로 가고 그 뒤로 다음 주일까지는 교회에 아예 발을 디디지 않는데 쓰레기를 버릴 시간이 어디 있겠는가? 학교와 집은 다 더러운데 교회만 깨끗하다? 이건 아이들이 깨끗해서가 아니라 교회가 외면당하는 것인데 교회만 그 사실을 모르는 것 같다.

나는 그날 너무 슬퍼서 잠이 오지 않았다. 교회는 아이들의 쓰레기가 나오는 곳이어야 한다. 사역자가 아이들의 흠과 허물까지 다 받아줄 때 아이들은 교회에서 마음의 안식을 누릴 것이다. 우리 아이들이 PC방과 노래방을 통해 안식을 누리는 것이 아니라 사역자의 품에서 안식을 누릴 수 있어야 우리는 한국 교회의 밝은 내일을 이야기할 수 있을 것이다.

셋째, 사탕을 적극 활용하라

처음부터 아이들과 친해질 수 있는 사역자가 어디 있겠는가? 아이들은 뭔가 거리가 있어야 말을 하고 주목해준다. 말을 트는 데 있어 가장 좋은 매개체는 사탕이다. 하나에 몇백 원씩 하는 비싼 막대 사탕일 필요는 전혀 없다. 그런 거 주면 애들도 살짝 부담스러워한다. 큰 봉지 하나에 수백 개씩 낱개 포장으로 들어 있는 사탕을 쓰면 된다. 내 양복 주머니에는 거의 항상 그런 사탕이 들어 있다. 줄 때도 긴 말이 필요 없다. "뭐 딱히 줄 건 없고 이거라도 받아~" 하면서 준다. 이 이상 따뜻하게 말하지 않는다. 그래도 아이들은 좋다고 받는다. 자꾸 뿌리다보면 아이들이 '꼬이게' 되어 있다. 아이들이 '꼬이면' 말문은 자연스럽게 터지게 되어 있다.

넷째, 학생들이 모이기 쉬운 시간에 모여라

모임 시간은 학생들의 의견을 반영해서 정하면 된다. 아이들이 토요일 저녁을 많이 꼽은 이유는 그때가 가장 모이기 쉬운 시간이기 때문이다. 하지만 나에게는 가장 부담스런 시간이었다. 설교 준비도

마무리 해야 하고, 다음날 주일 준비도 확인해야 하고, 그 외에도 할 일이 항상 많은 시간이기 때문이다. 게다가 토요일 저녁은 교사들을 동원하기가 거의 불가능한 시간이다. 주부 교사들의 경우 토요일 저녁은 가족과 함께 보내야 하고, 청년 교사들의 경우 개인 스케줄들이 빽빽이 잡혀 있다. 어쩌다 한두 번도 아니고 매주 아이들을 맡아서 시간을 보내줄 교사진을 구성하는 것은 정말 어려운 일이다. 이 부분 때문에 정말 고민을 많이 했고, 실제로 지금도 정식 교사 없이 예배를 도와주는 고2 학생 하나를 도우미로 붙여서 모임을 진행해오고 있다.

가장 많이 모였을 때가 47명이었는데 그중에 중3 학생들만 30명이 넘게 왔다. 언젠가 J중학교 전교생의 10퍼센트를 담당하게 해달라는 기도를 한 적이 있었는데 중3에만 한정하면 10퍼센트를 훌쩍 초과하는 아이들을 모아 놓고 예배를 드렸으니 이미 기도 응답을 받았다고 할 수 있겠다. 이것이 가능했던 이유는 예배 시간을 아이들이 모이기 편한 시간에 맞췄기 때문이다. 지금껏 교회는 교회가 편한 시간에 아이들이 맞춰주기를 바랐다. 그러나 정말 한 영혼을 사랑하고 그들이 변화되기를 바란다면 그들이 편한 시간에 교회가 맞춰주는 것이 옳지 않을까?

나에게도 깨달음이 있었다. 하나님께 가장 귀한 시간을 드려야 한다고 배웠으면서 정작 드리지 못했던 나의 어리석음에 대한 것이었다. 그 시간이 내게는 부담스러운 시간이었지만 하나님께서 정말로 원하시는 귀한 시간이라는 사실을 깨달은 것이다.

10년 전에 호주에 1년간 거주했던 적이 있다. 알다시피 호주 교회는 텅텅 빈 곳이 부지기수다. 호주 교회가 어째서 이렇게 몰락했는지 그 이유에 대해 호주의 사역자가 이야기해주었다. 사역자들의 지나친 사생활 보호가 원인일 것이라고 했다. 이야기를 들어보니 호주 교회에서는 목사님을 만나려면 일주일 전에 미리 예약을 해야 한단다. 예약 없이는 상담을 안 받아주고, 또 상담을 받으면 예정에 없던 추가 사역을 한 것이므로 교회로부터 추가 사례비를 받는다는 것이다. 그 외에도 자기가 설교하는 날이 아니면 예배에 참석하지 않아도 된다는 믿기 힘든 이야기들을 들려주었다.

정말 모든 교회가 그럴까 싶긴 했지만 만일 사실이라면 교회의 몰락은 당연한 결과였을 것이다. 나는 호주의 사역자에게 한국의 목회자들은 아무 때나 성도가 요청만 하면 심방하고, 반나절 전에 설교 요청을 받기도 하고, 토요일에 친척 결혼식은 못 가도 성도 결혼식은 꼭 가며, 심지어 장례의 경우는 명절 가족 모임이든 뭐든 다 취소하고 가는 '애니콜' 사역을 한다고 말했다. 그러자 그는 상당히 부러워하며 '그러니 부흥이 되지'라는 표정을 지어 보였다.

그렇다. 목회자가 먼저 가장 귀한 시간을 드리지 못한다면 그 누가 가장 귀한 헌신을 하나님께 드릴 것이며 어떻게 부흥이 일어날 수 있겠는가?

다섯째, 내부의 장애물을 극복하라

모임이 활성화되면서 초기에는 잘 몰랐던 내부의 문제가 드러나기 시작했다. 정리하면 크게 두 가지였다.

하나, 교회 내부의 불편한 시선

교회 인근의 불량기 있는 학생들을 모아서 예배를 드린다니까 성도들 대다수는 환영하고 응원해주었다. 그러나 정작 아이들이 모여 있는 모습을 보고 나서는 마음이 불편해진 분들도 꽤 있었다. 욕설, 침 뱉기, 단체로 모여서 큰 소리로 떠들기 등 기성세대의 눈으로 볼 때는 정말 혀를 찰 만한 모습들을 하고 있으니 그럴 만도 했다.

어떤 집사님은 참다 못해 나에게 전화해서 왜 교회를 불량학생들의 아지트로 만드냐고 지적하기도 했다. 이 순간을 사역자들이 잘 넘겨야 한다. 왜 청소년들을 이해하지 못하냐고 서운하게 생각해서는 안 된다. 이런 시각도 역시 교회의 일부분이고 이분 역시 교회의 구성원이기 때문이다. 무조건 청소년을 이해하라는 주장 역시 올바른 것은 아니다. 다르게 보는 시각도 있음을 인정할 줄 알아야 한다. 절대로 불만을 표출하지 말고 한 교회의 구성원으로서 할 수 있는 말임을 인정하고 겸허히 수용하는 자세가 필요하다. 실제로 이 집사님은 나중에 양떼 예배에 매우 우호적인 입장을 보여주셨다.

둘, 사역자 본인의 조급증

적은 내부에 있다는 말처럼 정말 큰 문제는 사역자 자신에게 있는 경우가 많다. 나의 경우는 조급증이 문제였다. 주변에서 기대와 우려 섞인 시각으로 보고 있다는 걸 알기에 아이들이 빨리 변화되길 바랐고 열매가 얼른 나타나지 않아서 조바심을 부렸다. 억지로 간증문도 쓰게 하고, 영접기도도 따라하게 하고, 예배 시간에 부를 특별 찬송도 준비하게 했지만 도무지 성에 차지 않았다. 급기야 짜증이 나기 시작했다.

'내가 이 아이들을 위해 얼마나 많은 시간과 정성을 바쳤는데 애네들은 왜 잘 따라오지 못할까?'

그러나 아무리 짜증을 부려도 아이들이 변할 리 없었다. 사실 변화란 한 번에 나타나는 게 아닌 법이다. 오히려 너무 갑작스럽게 변하면 그만큼의 부작용이 나타나기 마련이다. 어느 날 특송을 준비하던 가운데 깨달음이 있었다. '누구를 위해서 이 아이들을 찬양하게 하는가?'라는 자책이 일었다. 억지로 찬양하게 하는 것이 아니라 찬양 가사에 이 아이들의 마음을 담게 하는 것이 우선이었다. 그리고 그런 마음의 고백은 한두 달의 예배로 쉽게 얻을 수 있는 것이 아니었다. 나의 노력과 헌신으로 아이들을 변화시키려 했지만 그것은 사실 조급증이었고 교만이었다.

레너드 스윗 목사의 말처럼 아이들 속에서 움직이고 계시는 하나님을 바라보는 것이 내가 할 일이었다. 그것을 깨닫고 나서 무리하게

추진하던 특송을 내려놓게 되었다. 대신 아이들을 위해 기도하기 시작했고, 아이들에게 교회에 오면 지하 예배실에서 우선 기도할 것을 주문했다. 눈에 보이지 않아도 이 아이들의 심령 속에서 움직이고 계실 하나님을 신뢰하기로 했다. 그러고 나니 심령의 자유를 얻었다. 아직도 이 아이들의 수준은 기대치에 한참 못 미친다. 그러나 이제는 몇몇 아이들이 곧잘 기도하기 시작했고, 학교 급식 시간에도 먼저 기도하고 식사를 하자고 하고, 시험 때는 서로 기도해준다니 하나님이 이 아이들을 위해 무언가를 하고 계시는 것은 확실한 듯하다. 심지어 지난 여름 교회 지하에 수해를 입었을 때에도 이 아이들이 힘써 도와준 덕분에 피해를 최소화할 수 있었다.

사역자의 조급증은 아무런 열매도 맺지 못한다. 내가 조급증을 내려놓지 못하고 실망과 짜증을 다스릴 수 없었다면 양떼 예배는 지금까지 이어지지 못했을 것이다. 우리는 성공 신화에 익숙해져 있어서 단기간에 부서가 급성장하기를 원하고, 집회 한 번으로 아이들이 뒤집어지기를 원하지만 과연 하나님도 그것을 원하실지는 깊이 생각해 보아야 할 문제다. 어쩌면 하나님께서 원하시는 것은 양떼들의 변화가 아니라 사역자인 우리 자신들이 먼저 변하는 것이 아닐까?

여섯째, 열정은 목소리가 큰 것이 아니라 지치지 않는 것이다

없던 예배를 만들고 나면 처음에는 잘 모르지만 가면 갈수록 내부적으로 지치는 느낌을 받는다. 처음에야 사명감에 불타기도 하고 모든 것이 새로워서 피곤을 잘 못 느끼지만 비슷한 일상이 계속 반복되면 이내 초기의 사명감도, 신기함도 다 사그라진다. 무미건조해 보이는 시간만 반복되고 예배 전이나 후나 특별한 변화를 못 느끼게 되어 '이 일이 지금 의미가 있는가?'라는 회의마저 찾아올 때가 있다. 내가 그랬다. 지금도 완전히 자유롭지 못하다. 그러나 이 순간이 정말 중요하다.

「끌과 돌이 만날 때」(프레드 C.레니크, 두란노)라는 책에서 비전을 'Vision-Valley-Fulfillment' 3단계로 설명한다. 비전Vision 다음에는 골짜기Valley의 단계로 들어간다는 것이다. 전후좌우 모두 비슷비슷해 보이고 변화가 없어 보이는 골짜기 같은 지루한 과정을 통해서야 겨우 성취Fulfillment에 이른다는 것이다. 나 역시 같은 생각이다. 골짜기 없이 성취에 이르는 경우는 거의 없고 있어도 그것은 거짓된 열매다. 골짜기의 과정은 하나님께서 우리 중심을 테스트 하시는 시간이기 때문이다. 정말 하나님을 향한 마음으로 시작했는지 그 여부는 골짜기 과정에서 검증된다.

우리가 사역을 하며 한 영혼을 사랑하는 이유는 그렇게 해야 부흥이 되기 때문이 아니다. 부흥 여부와 상관없이 우리는 주어진 영혼을 사랑해야 하는 사명을 갖고 있다. 부흥 때문에 영혼을 사랑한 것이라면 골짜기 과정에서 견디지 못하고 탈락하고 말 것이다. 그러나 영혼 사랑하는 일을 하나님께서 원하심을 항상 기억하는 사역자는 힘겨워도 포기하지 않는다. 그에게는 보상 여부가 사역의 존재 가치

를 결정하지 않는다. 나는 이 부분에서 늘 부끄러웠다. 긍휼에 풍성하신 하나님께서는 내가 양떼 예배를 포기하려 할 때마다 까마귀를 보내주어 격려해주시고 새 힘을 돋게 하셨기 때문이다. 그러나 진정 하나님 앞에 순수한 마음으로 사역했다면 그 까마귀마저 필요 없었을 것이다. 아무런 까마귀를 바랄 수 없는 곳에서도 기도의 힘만으로 사역을 감당하는 분들, 이들이 정말 하나님 앞에 귀한 분들이라고 생각한다. 이런 분들이 있을 때 새친구들의 변화와 정착은 멀고 험한 길만은 아닐 것이다.

● 열정은 목소리가 큰 게 아니라 지치지 않는 것

정착이 안 되는 이유 3
불신 부모가 반대한다

친구 따라 교회에 오는 학생들 중에는 불신 부모를 둔 경우가 많다. 자주 일어나는 일은 아니지만 간혹 불신 부모가 교회 출입을 금지하는 경우가 있다. 원래 불교 집안이라서 반대하는 경우도 있고 자녀의 학업이 문제가 되는 경우도 있다. 남산골 샌님들이 벼슬 만드는 재주는 없어도 벼슬 떼는 재주는 있다는 말처럼, 학부모들이 자녀들을 교회로 보내는 건 어렵지만 잘 나오는 아이를 못 나오게 하는 건 얼마든지 가능한 법이다. 이런 경우를 위해서라도 학부모에게 교회에 대한 신뢰를 주는 것은 상당히 중요하다.

대안 3
아이와 학부모 사이의 '다리'가 되라

여건이 된다면 불신 부모들을 대상으로 '학부모 좌담회'나 '자녀 교육 세미나' 등을 열어서 학부모들을 초청하는 자리를 마련하는 게 좋겠지만 형편상 어려운 경우가 많고 참여율도 그다지 높지 않다. 그렇더라도 교사를 통하거나 사역자가 직접 학부모와 연락의 끈을 만들어 두는 것이 좋다. 불신 학부모는 잠재적 전도 대상이기도 하거니와 학생을 양육하는 동역자이기 때문이다.

게다가 거의 모든 학부모들은 자녀 교육에 있어서는 일말의 불안감을 갖고 있다. 자녀의 장래에 대해서 걱정 안 해본 부모가 어디 있겠는가? 특히 청소년을 자녀로 둔 부모는 더욱 그렇다. 초등학생 시절만 해도 부모 통제 하에서 움직이기 때문에 큰 문제가 없던 아이들이 중학생이 되어 사춘기를 경험하게 되면 아이들만큼이나 부모들도 큰 혼란에 빠지게 된다. 자녀가 사춘기를 심하게 겪을수록 부모의 걱정은 커져만 간다. 내가 17년간 사역 현장에 있으면서 확실히 깨달은 것이 부모는 모두 아마추어라는 것이다. 연습하고 부모가 된 사람은 없기 때문이다. 대학 교수든 회사 사장이든 사춘기 자녀 문제에 대해서 잘 모르는 것이 당연하다.

고분고분 말 잘 듣던 아이가 어느 날 갑자기 머리에 염색을 하지 않나, 친구들과 어울려서 밤늦게 들어오지 않나, 집에 오면 방문 걸어 잠그고 도대체 뭘 하는지 알 수가 없고, 이랬다 저랬다 변덕은 심해지고, 살갑게 대해줘도 퉁명스런 반응만 돌아오면 당황하지 않을 부모가 없다. 반면에 나는 오랫동안 청소년들을 보아왔기 때문에 그런 청소년들의 행동이 지극히 자연스럽게 보인다. 대충 원인이 뭔지 알겠고 대처 방법도 대강 그림이 그려진다. 내가 공부를 많이 해서? 천만의 말씀이다. 그냥 오래 보았느냐 처음 보았느냐의 차이일 뿐이다. 나는 청소년 사역을 오래 해서 익숙한 것이고, 부모는 처음 겪는 일이라 당황스러운 것이다.

청소년 사역자들은 이런 점에서 학부모들에 대해 매우 유리한 위치에 서 있다. 대통령이라 할지라도 자녀에게 문제가 생기면 전문가를 찾아가 고개를 숙이게 마련이다. 나 역시 학부모들에게 상담을 꽤 많이 해준 편이다. 게임 중독 문제, 음주 흡연 문제, 성 문제, 친구 문

제, 성적과 진로 문제, 가출 문제, 부모와 말을 안 하는 문제 등등 상담 내용도 가지가지다. 굳이 교역자가 아니라도 중고등부 교사로 오래 섬긴 이들이라면 학부모에게 이런 상담을 해줄 만큼 '권위'가 생긴다. 부모가 청소년기인 자녀와 의사소통이 잘 안 돼서 갈등이 생길 때, 둘 사이의 중재자가 되어 잘 조정해주면 학부모는 그 사역자를 매우 신뢰하고 교회에서 하는 프로그램도 덩달아 신뢰하게 된다.

8년 전쯤 의정부에서 사역할 때, 중2 여학생이 가출한 사건이 있었다. 사실 가출이라 말하기에도 우스운 일이었다. 엄마랑 말다툼을 하다가 그냥 무조건 집을 나왔는데 딱히 갈 곳이 없어 교회로 왔다가 마침 수련회 준비로 늦게까지 일하던 나를 만나게 되었다.

"야, 너 웬일이냐?"

"몰라요, 전도사님… 그냥 집 나왔어요."

이유를 들어보니 대강 그림이 그려졌다. 이 아이는 초등학교 시절에는 6시 이전에 항상 집에 들어가던 아이였다. 중학생이 되어서 통금 시간은 8시로 늦춰졌지만 여전히 제때 잘 들어갔다. 그런데 어느 날 친구와 놀다보니 통금 시간을 넘기고 말았다. 한 번도 통금 시간을 어긴 적이 없다가 처음으로 시간을 어기니까 어떻게 해야 할지 몰라서 시간을 끌다가 밤 11시가 다 되어 집에 들어갔고 호되게 야단을 맞았다. 그런데 학교에서 친구들과 이야기해보니 자기만 그렇게 일찍 집에 들어가는 것 같았고 왠지 야단맞은 게 억울하다는 기분이

들었다. 어떤 친구는 자기 엄마에게 욕설까지 섞어가면서 큰소리 탕탕 치는데 그러면 안 될 것 같지만 왠지 부러웠고 한 번쯤 해보고 싶었다. 그러던 어느 날 또 통금 시간을 어기게 되었다. 이번엔 30분 정도만 늦은 것인데 엄마는 엄마대로 제대로 군기를 잡아야겠다는 마음으로 아이를 더 호되게 야단쳤다. 안 그래도 살짝 억울한 마음이 있던 아이는 나름 용기를 내서 억울한 심정을 토로했는데 그게 요령이 없어서 대드는 모양새가 되었다. 엄마는 예상치 못한 딸의 반응에 놀랐고, 더 세게 야단을 쳐야 할지 받아줘야 할지 순간 난감해졌다. '얘가 이러지 않았는데 왜 이렇게 변했을까' 하는 걱정이 앞섰다. 요새 부쩍 친구들과 어울려 다니더니 나쁜 영향을 받아서 그런가 싶어서 내뱉은 말이 기름에 불을 붙인 꼴이 되었다.

"옛날엔 그러지 않더니 못된 친구 만나면서 애를 버렸네! 너 OO이랑 같이 놀면서 이렇게 된 거지?"

사춘기 아이들은 또래 집단과 자신을 동일시하는 경향이 있고 친구를 모욕하면 자기가 모욕당한 것보다 더 분노하는 특징이 있다. 부모는 절대 아이 앞에서 친구의 흉을 봐서는 안 된다. 어미 짐승은 자기 새끼를 건드리면 폭발하지만, 십대는 자기 친구를 건드리면 폭발한다.

"엄마가 뭘 안다고 걔한테 그런 말을 해? 걔가 엄마보다 백 배는 나아!"

십수 년 동안 금이야 옥이야 길러줬더니 어디서 잘 알지도 못하

는 애가 자신보다 백 배는 낫다는 소리를 들으면 엄마도 감정이 폭발하게 되어 있다. 엄마도 분노와 서운함으로 같이 터졌다.

"그딴 계집애가 그렇게 좋으면 나가! 나가서 네 맘대로 살아!"

"나가라면 못 나갈 줄 알아?"

일이 대강 이런 식으로 진행되어 아이는 얼떨결에 가출해버리고 만 것이다. 아이는 그냥 밖에서 놀고 싶은 자기 마음을 부모가 알아줬으면 하는 것뿐이었는데, 부모와 자녀 모두 대화 요령이 없다보니 이게 양쪽 다 예상 못한 가출 사건이 되어버린 것이다. 아직도 자기 친구를 모욕한 것에 분이 덜 풀렸는지 한참 얘기를 늘어놓던 아이가 나를 보고 이런 말을 했다.

"전도사님, 저는 이제 겨우 15년째 인생을 처음 살고 있는 거잖아요. 처음 살아보는 건데 시행착오가 있는 게 당연한 거 아니에요? 그런데 엄마는 왜 내가 조금만 잘못하면 그렇게 쥐 잡듯이 야단을 쳐요? 엄마도 실수하는 거 많잖아요? 그런데 왜 나만 참아야 해요?"

순간 말문이 막혔다. 처음 사는 인생이니 시행착오는 당연한 게 아니냐는 말. 이 녀석이 어디서 주워들은 말을 써먹는 것 같은데 뭐라 반박할 말이 없었다. 다행히 이내 할 말이 떠올랐다.

"야, 너는 15년 인생을 처음 사는 거지만 너네 엄마는 열다섯 살 먹은 딸을 처음 키우는 거야! 너네 엄마는 뭐 연습하고서 엄마 된 줄 아냐? 너네 엄마도 시행착오가 있는 게 당연하잖아! 똑같이 틀리는 처지에 서로 양보하면서 이해해야지 성질대로 가출하면 어떡해!"

'헉… 엄마도… 시행착오를?'

이 한 마디 말로 아이의 마음이 돌아섰고 나는 엄마의 마음을 자세히 풀어서 설명해주었다. 그리고 아이를 대신해서 부모님에게 전화를 걸어 상황을 잘 설명했고 아이는 무사히 집에 들어갔다. 그 부모님은 교회에 다니는 분이 아니었다. 그러나 이 일이 있은 뒤 교회에 대한 태도가 어떻게 바뀌었는지는 상상에 맡긴다.

이런 일이 한번 있고 나면 그 엄마를 중심으로 입소문이 난다. 소문이 나도 그 주변의 사람들이 다 불신자들일 테니 당장 우리 교회, 우리 부서 부흥에 도움이 되지는 않는다. 그러나 이런 일이 여러 차례 생기다보면 교회 자체에 대한 호감도가 높아진다. 아줌마들의 장점 중 하나가 별로 좋지 않은 일도 여기저기 얘기하고 다니며 퍼뜨리는 것이 아닌가. 어떤 부모는 원래 자녀를 교회에 보내는 것을 반대했는데 이 이야기를 듣고 태도를 바꿨다는 얘기를 전해 들었다. 심지어 자녀를 따라 교회에 출석하는 부모도 여러 번 보았고 지금도 보고 있다.

친구 같은 교사, 스승 같은 교사

청소년들 입장에서도 부모와 갈등이 생겼을 때 마음 편히 이야기할 수 있는 곳이 마땅히 없다. 같은 친구들끼리 이야기하면 속은 시

원하지만 갈등 해결에는 그다지 도움이 되지 않는다. 수준이 비슷한 애들끼리 답을 맞춰봐야 정답이 안 나오는 건 어디나 마찬가지 아니겠는가. 그렇다고 이야기를 터놓을 만한 어른도 마땅치 않다. 삼촌이나 이모에게 이야기하면 곧바로 부모님 귀에 들어갈 테니 말을 꺼내는 것 자체가 어불성설이다.

그럴 때 '친구 같은 교사'가 큰 도움이 된다. 어른이면서도 내 편을 들어줄 수 있고 어른들의 입장을 설명해줄 수 있으니 말이다. 이런 관계가 계속 지속되면 아이에게는 인생의 스승이 될 수도 있다. 이것이 교사의 자리다.

또한 청소년의 부모는 그 어느 때보다도 자녀 문제로 걱정과 두려움이 많을 수밖에 없다. 부모도 약자다. 다 강할 수는 없다. 국제중이네 특목고네 하며 학원과 과외에 돈을 쏟아붓는 이유도 불안하기 때문이다. 자녀의 미래에 대해서 불안하니까 '이거라도 해야 하는 거 아닐까?' 하며 사교육에 올인하는 것이다. 사교육 시장은 남보다 앞서지는 못해도 뒤처지면 안 된다는 부모의 불안 심리를 교묘히 자극하며 돈을 버는 곳이다. 그러나 교회는 부모를 복음으로 안심시키고, 자녀와 부모 사이에 다리를 놓아주는 곳이 되어야 한다. 그런 의미에서 사역자는 할 일이 많다. 정말 많다.

연애에만 밀고 당기기가 있는 게 아니다.
아이들과의 관계도 마찬가지다.
정말 마음이 없다면 아예 교회에 나오지도 않는다.
눈앞의 아이에게 상처받았다고 포기하지만 않는다면,
기회는 언제고 오게 되어 있다.
주님께서 하실 일을 기다리며 여유를 갖는 것이
오히려 빠른 길이다.

:: 네 번째 장 ::

마음으로 만나는 청소년 전도

관계의
중요성

    청소년 사역의 핵심은 관계 사역이다. 아기 사역부터 노인 사역까지 관계가 중요하지 않은 사역이 없지만 청소년 사역은 특히 더 그렇다. 관계를 잘 맺지 못하면 제 아무리 말씀을 잘 준비하거나 다양한 프로그램을 시도해도 열매가 맺히지 않는다. 전도와 정착에 있어서도 마찬가지다. 청소년과의 관계가 좋지 않은데 부서가 부흥할 리 없다. 관계가 안 좋은데도 부흥하고 있다면 그 사역자가 왕따가 아닌가 돌아볼 필요가 있다. 사역자의 사역과는 전혀 무관하게 부서가 돌아가고 있다고 봐도 무방하다.

    청소년 사역에서 관계를 잘 맺어야 하는 중요한 이유는, 청소년

들의 가치관이 관계에서 시작하기 때문이다. 성인들의 가치 판단 기준이 "선이냐 악이냐?" 혹은 "이익이냐 손해냐?"에 있다면 청소년들은 "나와 관계가 있느냐 없느냐?" 즉 "친하냐 안 친하냐"에 있기 때문이다. 제 아무리 천사의 소리 같은 명설교를 한다 해도 자기와 상관이 없으면 아예 듣지 않는다. 당연히 열매가 있을 리 없다. 반면 웬만큼 죽 쑤는 설교를 해도 자기와 친한 사람이라 생각하면 참고 들어준다. 그러니 어쨌거나 열매가 맺히는 것이다.

이건 '의리'라는 말로 대치해서 이해할 수도 있다. 청소년들에게 의리는 매우 중요한 가치다. 의리를 지키지 못하면 인간 취급을 못 받는다. 삼국지의 관우가 의형제인 유비에게 돌아가기 위해 조조의 극진한 환대를 거부하고 고생길로 걸어 들어간 일에 가슴 뛰는 것이 청소년이다.

의리에 죽고 못 사는 청소년

중학생 때 보았던 영화 〈영웅본색〉이 있다. 영화 후반부에 주인공 주윤발이 돈 가방을 들고 혼자 도망갈 기회가 있었으나 적진에 혼자 남겨진 친구를 구하러 배를 돌려 돌격하는 대목이 나온다. 말 그대로 눈물을 줄줄 흘리며 그 장면을 보았다. 지금 이 나이에 그 영화를 보았다면 그렇게 감동하진 않았을 것이다. 오히려 왜 돈 가방을 들고 도망가지 않느냐고 혀를 찼을지도 모르겠다.

그러나 중학생 시절에 본 그 장면은 그렇게 멋있을 수가 없었다. 남자라면 저렇게 죽어야지 생각했다. 나와 같은 세대를 살아온 남자라면 〈영웅본색〉을 모르는 이는 없을 것이다. 명작이라서가 아니다. 의리라는 코드가 당시 청소년들의 가슴에 와닿았기 때문이다. 돌아보면 그 영화는 청소년들에게 절대 권장할 만한 영화가 아니다. 멋있게 포장은 했을지언정 결국 조폭들의 돈 싸움, 총싸움이었기 때문이다. 오늘날에도 여전히 조폭 영화들이 심심찮게 등장하는 이유도 결국 이 의리 코드를 짚어주고 있기 때문이다.

청소년들은 나이와 경험이 아직 적은 만큼 무엇이 진실인지 구별해내고 그에 따른 행동 여부를 결정하는 것이 매우 어렵다. 그래서 본능적으로 자신을 위해주는 사람에게 이끌리기 쉽고 관계가 있으면 간단히 움직이는 특징이 있다. 역사적으로 청소년들의 이런 특징을 간파하고 악용한 사례가 많다. 히틀러는 '히틀러 유겐트'Hitler-Jugend라는 청소년 나치 당원을 모집해서 최전방 돌격대원으로 써먹었고, 아프리카의 군벌들도 청소년들을 선동하여 총알받이로 꾸준히 내몰고 있으며, 손양원 목사님의 죄 없는 아들을 죽인 것도 청년 공산당원들이었다. 그 외에도 많은 이단이나 악한 지도자들이 일찍이 청소년들의 이런 특징을 간파해 잘도 유혹하고 있는데, 정작 교회나 학교는 청소년들의 심리를 제대로 모르고 관계도 잘 구축하지 못해 어려움을 겪는 경우가 많다. 문제는 이처럼 중요한 관계 형성이 생각보다

잘 안 된다는 점이다. 어쩌면 내가 전도 이상으로 고민해온 것이 바로 이 관계 형성에 관한 문제다.

의미 없는 실패는 없더라

나에게는 독특한 이력이 있다. 청소년 사역을 오래 하기도 했지만 여러 군데서 했다는 점이다. 서울 역삼동, 청량리, 전북 익산, 호주 시드니, 서울 약수동, 경기 의정부, 서울 신림동, 경기 부천, 경북 경산, 그리고 지금은 용인 죽전동에서 사역하고 있으니 모두 10곳에서 청소년들을 접한 셈이다. 그러니 새로 아이들을 만나고 관계 설정하는 일을 최소 10번은 한 것이다. 관계 설정이란 게 이전 교회에서 아무리 잘했어도 새로 옮기면 아무 소용이 없고 처음부터 다시 시작해야 한다. 이전에 잘 했다고 다음에 잘하란 보장도 없다. 오히려 과거의 영광이 지금 아이들과의 관계 설정에 발목을 잡기도 한다.

지난 17년 동안 이 과정에서 엄청나게 많은 시행착오를 겪었고 속 쓰린 눈물을 닦아야 했던 적이 한두 번이 아니다. 그러나 의미 없는 실패는 없다더니 뭐든 자주 하면 늘게 마련인지라 아이들과 관계 맺는 요령을 나름대로 깨닫게 되었다. 잘 안 될 때는 뭐든 이유가 있었다.

청소년 이해하기

    어느 교회 교사 훈련원에서 "교사를 처음 하는 사람은 유년부로 가고 웬만하면 중등부는 피하는 게 좋다"라는 말을 들었다. 이유까지 듣지는 못했지만 굳이 설명을 듣지 않아도 대강 알 수 있는 대목이다. 교사를 처음 하는 사람에게 유년부가 좋은 이유는 우선 이런 것이다. 어린 아이들이 본격적으로 집을 떠나 학교생활을 시작할 때가 유년부 나이 때다. 아이들이 이전까지는 집에서 왕자 공주 대접을 받았지만 학교라는 곳에 가보니 상황이 전혀 다르다. 각 반마다 왕자 공주였던 애들이 30명 이상이 모여 있고 그 왕자와 공주들을 챙겨줄 교사는 단 한 명뿐인 것이다. 집에서야 뒤집기만 잘해도 온 가족의

관심과 감탄을 한 몸에 받았지만 학교는 웬만한 일에는 콧방귀도 안 뀐다. 존재감의 상실을 처음 경험하는 것이다. 따라서 어떻게든 교사의 관심을 받고 싶어 한다. 시키는 대로 잘해야 교사에게 칭찬을 받는다는 것을 깨닫는다. 그래서 작은 심부름 하나만 시켜줘도 아주 좋아한다. 이런 특징을 갖고 있다보니 상대적으로 초임 교사에게는 유년부 사역이 쉽게 느껴지는 것이다.

그렇다면 청소년부, 그 중에서도 중등부가 초임 교사들에게 기피 부서로 꼽히는 이유가 무엇일까?

싫은 것, 더 싫은 것

청소년을 양육하는 교사나 교역자들, 통칭 사역자들에게 가장 많이 듣는 하소연이 아이들에게 상처받았다는 호소다. 아무리 잘 해줘 봐야 톡톡 쏘기나 하고 입만 열면 불평불만이고 도대체 감사하다는 소리를 들어볼 수가 없다는 하소연이다. 교회마다 조금씩 다르지만 대체로 중등부 교사들이 이런 호소를 많이 한다. 백 번 공감한다. 그러나 이것은 중등부 아이들의 특징으로 지극히 정상이다. 자라는 과정 중에 나타나는 시행착오일 뿐이다. 이 아이들에겐 '싫은 것'과 '더 싫은 것'이 있을 뿐이다. 좋은 것은 없는 것 같다. 그러나 그게 정말 싫어서 싫다고 하는 것이 아니라는 점을 이해해야 한다.

사역 초기에 중등부 아이들을 데리고 롯데월드에 다녀온 적이 있다. 돈도 별로 없던 대학생 시절에 정말 큰맘 먹고 데려갔는데 데려가는 과정부터가 순탄치 않았다. 롯데월드에 간다고 하면 다들 좋다고 쓰러질 줄 알았는데 가면서부터 몇 녀석들이 하는 말이 "왜 가는데요?" "여기 말고 에버랜드가 더 좋은데…" "그냥 영화 보러 가면 안 돼요?" 등등이었다. 화가 치밀었지만 분위기를 깨면 안 되므로 입술을 깨물고 꾹 참고 갔다. 놀이기구를 타러 가서도 불평들이 많았다. "왜 이렇게 사람 많아요?" "아, 안 오려고 했는데…" 초인적인 인내심으로 꾹꾹 누르며 참던 나의 가슴에 비수를 꽂은 한 마디가 더 날아왔다. "집에는 언제 가요?" 살면서 누군가에게 이만큼 말로 상처 받아본 적은 처음이었다.

그날 저녁, 나는 굳게 맹세했다. 다시는 아이들을 데리고 어디 놀러가지 않겠노라고. '이 교회 아이들은 나와는 맞지 않나보다. 사임해야 하나'라는 생각까지 진지하게 할 정도로 상처를 받은 날이었다. 그런데 며칠 후 한 학부모로부터 전혀 뜻밖의 이야기를 들었다. 아이가 놀이공원에서 너무 재미있게 놀다왔다고 집에서 한참을 자랑했다는 것이다. 심지어 동생을 약올려서 둘이 싸우기까지 했다는 것이다.

혼란스러웠다. 아무리 기억을 돌려봐도 이 아이는 롯데월드에서 재미있게 논 적이 없었다. 고작 몇 명을 데리고 갔을 뿐인데 한 녀석이 재미있게 놀았다면 그것을 기억 못하겠는가? 하도 믿기지 않아서 '이 부모님이 내가 사표를 쓸까 봐 위로해주려고 거짓말을 하시는 건

가?' 라고 생각했다. 그러나 학부모의 말이 사실이었다. 아이는 겉으로는 시큰둥해 보였지만 속으로는 재미있게 즐기고 있었던 것이다. 그걸 내색하지 않으려고 재미없다는 말만 뱉어대니까 교사들이 상처를 받는 것이다. 지금 생각해도 유난히 '아닌 척' 하는 아이였던 것 같다.

어른들은 정반대로 하는 경우가 많다. 속으로 재미없어도 겉으로는 예의상 재미있는 척, 즐기는 척 표정 관리하는 게 어른들이다. 그리고 그게 상식이기도 하다. 그런데 청소년들의 표현법은 정반대다. 재미있어도 재미없는 척 하는데 그게 청소년이라서 그렇다. 왜 그럴까? 왜 어른들처럼 좋게 좋게 예의 갖춰주고 살면 서로 좋을 것을 꼭 남의 속을 뒤집어 놓고 교사들로 하여금 사직서를 썼다 지웠다 하게 만드는 것일까?

다시 말하지만 이 아이들은 정상이다. 자라는 과정에 있다는 것을 잊지 마라. 스스로 정체성을 찾아가면서 벌어지는 현상일 뿐이다. 청소년기 이전, 초등학생 시절에는 아이들이 오직 '예스'Yes만 하도록 강요받는다. 속으로 좀 마음에 안 들고 하기 싫어도 예스라고 말해야 칭찬받는 환경 속에서 자란다. 어린 시절에는 깊게 생각하기가 어렵기 때문에 그저 '칭찬받는 게 좋은 것'이라고 여긴다. 그러나 청소년기가 되면 '나는 누구인가?'라는 생각을 하며 자기 정체성을 찾기 시작하는데 이때부터 문제가 달라진다.

자기 정체성을 찾는 초보적 단계가 바로 기존의 것을 부정하는 것이다. 즉 '노'No라고 말하는 법을 배우는 것이다. 그래서 청소년기를 반항의 시기라고 하지 않는가. 바지를 찢어 입고 염색하고 오토바이 타고 다니는 것이 멋있게 보이는 이유는 어른들이 하지 말라는 것을 당당히 하기 때문이다. 어른들 중에 누가 멀쩡한 옷을 찢어 입고 다니겠는가? 자동차 놔두고 오토바이 탈 어른이 누가 있는가? 그러나 아이들은 그것에 열광한다. 자기도 한 번쯤 당당하게 노라고 말하고 싶은데 달리 말할 곳이 없다. 또 말할 만한 건수도 별로 없다. 친구한테 함부로 했다가는 왕따되기 십상이고, 부모님과 잘못 붙었다가는 용돈이 위협받을 테고…. 싫다는 소리가 하고 싶어서 입이 근질거리는데 할 데가 없으니 만만한 교회 선생님들에게 그런 소리를 가장 많이 하는 것이다.

사실 우리 기성세대들도 그런 시절이 있었다. 다만 너무 오래 전의 일이라 기억이 안 나는 것뿐이다. 그래서 아이들에게 감정의 골을 느끼는 것이다. 이 아이들이 싫다고 말하는 게 다 싫은 게 아니라는 것을 잊지 말자.

언제 변화될 거니?

두 번째로 많이 듣는 하소연은 이것이다. "정말 열심히 가르치는데도 도무지 아이들이 변화될 기미가 보이지 않는다"는 호소다. 기도

를 잘하는 것도 아니고 성경을 보는 것도 아니다. 여전히 입에는 욕을 달고 다니고 아침 예배 시간에 늦는 것도 똑같다. 아주 어쩌다 기특한 소리를 해봐야 그게 도대체 실천으로 옮겨지지 않는다. 교사의 눈으로 볼 때 기대치에 못 미쳐도 한참을 못 미친다. 하는 짓은 초등학생이랑 별 차이도 없는 것 같으니 '내가 지금껏 누구를 위해 애쓴 것인가' 하는 자괴감이 들 때가 한두 번이 아니다. 그러나 이것도 사실 정상으로 봐야 한다.

어린이와 청소년과 성인의 차이는 무엇일까? 방 청소를 예로 들어보자. 어린이는 방을 어지럽히고 방이 더럽다는 것도 잘 모른다. 행동도 생각도 'X'인 꼴이다. 반면 성인은 잘 어지르지도 않고 더럽다는 것을 잘 인식하고 잘 치운다. 행동도 생각도 'O'인 셈이다.

그럼 청소년은 어디쯤 될까? 먼저 방이 더럽다는 것을 인식하는 수준은 된다. 머리는 성인이 된 것이다. 그러나 행동이 따라가지 못한다. 15-16년간 더럽게 살아왔으니 치우고 싶어도 어디서부터 어떻게 할지 모른다. 모처럼 큰맘 먹고 손 좀 써보려고 하면 엄마가 들어와서 잔소리하고 대신 치워버린다. 이러니 기껏 하려 했던 일도 홧김에 안 해버리고 계속 지저분한 상태로 놔두고 산다. 눈에 보이지 않는 생각은 이미 어른에 근접했지만, 눈에 보이는 행동은 어린이랑 같으니 부모의 눈에는 여전히 어린 아이인 것이다. 입만 살아서 말만 잘하는 어린이다. 즉 생각은 'O'인데 행동은 'X'인 부조화가 청소년의 특징이다.

그러던 아이가 어느 날 어떤 계기를 통해 생각을 정말 실천에 옮기면 부모는 깜짝 놀란다. "얘가 수련회 다녀와서 은혜받았나봐요" 하면서 괜히 상관없는 목사에게 감사 인사를 하기도 한다. 아이가 하루아침에 변한 것 같지만 사실은 그 내면에서 오랜 시간을 거쳐 변화가 진행된 후에야 그런 모습이 결과물로 나온 것이다. 청소년들이 집회 한 방에 변한다고 하지만 그건 오랜 시간 쌓아온 교사들의 공로를 간과한 것이다. 주일날 말씀을 듣다보니 자기도 그렇게 살고 싶은 마음이 들었는데 그것을 딱히 밖으로 드러낼 기회를 못 찾다가 수련회를 계기로 드러내게 된 것이지 내면에 아무 생각도 없던 아이가 갑자기 집회 한 방으로 변할 리 없다.

청소년과의 신뢰 관계도 마찬가지다. 상당수의 아이들이 사역자들과 친하게 지내고 싶은 마음이 있다. 개중에는 먼저 손을 내밀어서 친해지자고 말해주는 아이들도 있지만 아무리 두드려도 마음을 못 여는 아이들도 있는 법이다. 이때는 인내심을 갖고 기다려주는 것이 가장 빠른 방법이다. 연애에만 밀고 당기기가 있는 게 아니다. 아이들과의 관계에서도 마찬가지다. 정말 마음이 없다면 아예 교회에 나오지도 않는다. 눈앞의 아이에게 상처받았다고 포기하지만 않는다면 기회는 언제고 오게 되어 있다. 주님께서 하실 일을 기다리며 여유를 갖는 것이 오히려 빠른 길이다.

남녀는 공략법도 다르다

    아이들이라고 다 같지 않다. 사춘기 시절에는 성장 편차가 심하기 때문에 같은 나이임에도 불구하고 어떤 아이는 초등학교 4학년쯤으로, 어떤 아이는 여대생쯤으로 보이는 아이들도 있다. 당연히 성향도 나이별, 남녀별로 천차만별이다. 남학생과 여학생은 서로 코드가 전혀 달라서 다르게 다가가야 한다. 교사들 중에는 남학생을 대하기 쉬워하는 분이 있고, 반대로 여학생을 선호하는 분도 있다. 여기에는 모두 그럴 만한 이유가 있다. 남학생과 여학생, 이 둘의 특징을 살펴보고 아이들에게 각각 어떻게 다가가는 게 좋을지 생각해보자.

남학생의 경우

　남학생들의 특징을 한 마디로 말하면 '승부욕'이다. 그래서 좋아하는 것이 게임이나 축구, 농구 같은 스포츠다. 모두 누군가를 이겨야 한다는 전제가 깔려 있다. 남자는 승부를 통해서 인생의 의미를 찾는다. 남자는 참 희한한 동물이다. 같은 남자들끼리 만나면 탐색 레이더를 통해 분석이 들어간다. 첫째 미션은 "적이냐 아군이냐"라는 분석이다. 적이면 싸우고 아군이면 동맹을 맺는다. 둘째 미션은 아군으로 판명되었을 경우 "나보다 위냐 아래냐"를 다시 분석한다. 분석 결과 윗사람으로 판명되면 깍듯이 예의를 갖추고 아랫사람으로 판명되면 군림하려 든다.

　애매한 경우가 있는데 바로 친구 관계다. 서열 나누는 것이 본능인 남학생들에게 평등한 존재는 뭔가 불편하다. 그래서 곧바로 성적이나 싸움 실력, 게임 실력 등으로 영역별 등수를 매겨버리고 바로 서열을 정한다. 같은 반 친구라 해도 이 등수에 따라 일진부터 빵셔틀까지 서열이 매겨진다. 게다가 여학생들과 전혀 다르게 대화 따위는 중요하게 생각하지 않는다. 오직 행동과 결과로 말할 뿐이다.

　따라서 남학생들을 공략하기 위해 초반부터 정감 있는 대화를 시도해봤자 잘 먹히지 않는다. 대부분 무관심이나 무성의한 대답으로 일관한다. 이런 사실을 잘 모르고 전화 대화 같은 것을 시도할 경우 다음과 같은 상황이 벌어진다.

"재영아, 나 교회 선생님이야. 잘 있었어?"

"네."

"학교 다니기 피곤하지? 시험 기간이라 힘들지 않아?"

"네."

"시험은 잘 봤어?"

"아뇨."

"무슨 과목 좋아해?"

"없어요."

"그렇구나. 지난주에 교회서 보니까 참 좋더라. 이번 주에도 올 거지?"

"네."

"친구 재필이는 안 보이더라. 걔 왜 안 왔대니?"

"몰라요."

"그래, 교회서 기다릴게. 꼭 보자~"

"네."

교사의 대화 시도가 무참히 실패한 모습이다. 시도 자체는 나쁘지 않았다. 여학생을 상대로 한 것이라면 상당히 친숙한 대화를 펼칠 수 있었을 것이다. 그러나 태생적으로 무관심이라는 보호막을 칭칭 두르고 있는 남학생들에게는 잘 먹히지 않는다.

비싼 밥을 사주는 것도 투자한 자본 대비 효율이 형편없다. 성향 자체가 한 군데 오래 있기 싫어하는 '운동형'이기 때문이다. 운동형은 밥을 사봐야 효과가 여학생의 반밖에 안 된다. 비싼 밥은 여학생들에게 사줘라. 남학생들은 김밥이나 떡볶이 등 저렴한 가격에 배를 채울 수 있는 것이면 충분하다. 어차피 남학생들은 음식의 맛이나 식당 분위기 따위는 별로 따지지 않는다.

남학생을 공략하려면 어쨌거나 같이 어울려주는 게 좋다. 최고는 단연 PC방이다. 2만 원짜리 밥을 사주는 것보다 2천 원짜리 김밥을 먹이고 나머지 돈으로 PC방을 데려가는 것이 훨씬 효과적이다. PC방에서도 사역자가 어느 정도 이상의 실력을 보이지 않으면 무시당하는 수가 있다. 앞서 언급했듯이 남학생들은 영역별로도 서열을 가르는 본능이 있으므로 게임을 하다가 지면 한순간에 하수 취급을 당한다. 그것도 처참하게 깨지면 깨질수록 무시당하기 십상이다. 교회에서도 두고두고 그 일을 우려먹는 수가 있다. 물론 이마저도 남학생들과 대화할 수 있는 공감대를 형성했다는 점에서는 충분히 칭찬받을 일이다.

그러나 게임에서 이긴다면? 남학생들은 순간 그 사역자를 존경의 눈으로 바라보게 된다. 그리고 강자를 추종하는 본능에 따라 교사에 대한 충성도가 높아지는 효과를 볼 수 있다. 나는 스타크래프트 정도의 게임을 할 수 있으며 중학생 정도는 제압할 만한 실력을 갖추고 있다. 이 덕을 꽤 많이 본 편이다. 그러나 생업에 바쁜 교사들이 생전 듣지도 보지도 못한 게임으로 학생들을 이기길 바라는 것은 어불성

설이다. 그 외에
도 공략법은 많이
있다.

다음으로는
같이 스포츠를
즐기는 것이다.
남학생들은 하
여튼 이 승부

근성 때문에 거의 모든 종류의 스포츠를 좋
아한다. 공을 보고 가슴이 뛰지 않으면 사실 남자로서의 생명은 끝난
거라고 봐도 크게 틀리진 않을 것이다. 농구나 축구 같은 스포츠는
게임처럼 잘 모르는 것을 억지로 따라할 필요도 없고, 여차하면 애들
끼리 하라고 하고 교사는 심판만 봐도 된다는 장점이 있다. 끝나고
음료수를 사주며 학생들의 플레이를 칭찬만 해줘도 충분히 마음을
열 수 있다. 날씨 좋은 날을 잡아서 야구장이나 축구장에 응원만 가
도 충분히 효과가 있다. 이것은 여학생들과 함께 즐길 수 있기에 더
유용하다.

이도 저도 안 되면 스마트폰이라도 들고 다녀라. 다행인지 불행
인지 아이폰을 비롯한 여러 스마트폰에는 게임 어플들이 참 많다. 자
칫하면 게임 폐인들을 양산할 수도 있어서 조심스럽지만 남학생들이
좋아하는 건 확실하다. 이것만으로도 남학생들의 무관심이라는 보호

막을 벗겨낼 수 있다. 나의 아이폰에는 내가 깔아 놓은 어플보다 아이들이 깔아놓은 것들이 훨씬 많다. 한번은 어떤 집사님이 전화 통화 좀 하자며 휴대폰을 달라길래 드렸더니 메인 화면에 고스톱 어플이 당당히 떠 있어서 식은 땀을 흘린 적도 있다.

초반 공략은 남학생들이 여학생들에 비해 훨씬 어렵지만 일단 공략이 되고 나면 사후 관리가 쉽다는 장점이 있다. 남학생들은 상처도 비교적 덜 받고 걱정 근심도 적은 편이라서 웬만큼 막 대해도 삐치지 않고 잘 따라온다.

여학생의 경우

여학생은 남학생에 비해 훨씬 다양한 군집 형태를 보이지만 지금은 일반적인 여학생들을 대상으로 분석해보겠다.

여학생의 특징은 '수다' 라고 할 수 있다. 남학생들에 비해 무지무지하게 많은 단어 소화 능력을 보인다. 그리고 시도 때도 없이 친구들과 붙어 다닌다. 심지어 화장실도 같이 간다. 이들에게 서열 따위는 그렇게 중요한 것이 아니다. 친해지면 2년 선배에게도 말을 놓는 극단적인 경우가 용인되기도 한다. 남학생들이었으면 학교 화장실이나 쓰레기 소각장에서 엄청 두들겨 맞은 상태로 발견되었을 것이다.

이들은 남학생들에 비해서 돌아다니는 것을 싫어하는 '정착형' 이

다. 스포츠나 게임 따위는 완전히 관심 밖이다. 간혹 야구나 축구를 좋아하는 여학생들이 있지만, 대부분 야구를 좋아하는 것이 아니라 '남자 야구선수'를 좋아하는 것이다. 요즘은 E스포츠라고 불리는 온라인 게임인 스타크래프트 대회에 수만 명의 관중들이 몰린다. 코엑스몰 같은 곳에서 대회를 하면 사람들로 미어터진다. 그런데 그 중에 여성 팬들이 상당히 많다. 내가 가르친 학생들 중에서도 코엑스몰에 다녀온 아이들이 여럿 있었다. 웃기는 건 이 아이들이 게임을 전혀 할 줄 모른다는 것이다.

"게임도 모르면서 도대체 왜 간 거야?"

"아이, 목사님도…. 꼭 알아야 가나요? 분위기 즐기고 잘생긴 게이머 보러 가는 거죠. 아, 서지훈 완전 멋져~ 내 거야~"

남자의 뇌 구조로는 도대체 이해가 안 되는 말이다. 그러나 여학생들은 대체로 사람 많고 화려한 곳을 좋아한다. 여름에 해운대 같은 곳에는 100만에 가까운 인파가 몰린다고 한다. 그런데 해운대 앞에 살던 부산 친구의 증언에 따르면, 해운대에 온 여자들은 바글바글한 분위기가 좋아서 온 거고, 남자들은 그 여자들을 보러 온 거라고 한다. 이런 특징은 여학생들에게도 마찬가지로 적용된다.

따라서 가장 좋은 것은 '비싼 밥' 기술이다. 1년 내내 설교를 안 듣던 여학생들도, 집에서 내놓았다고 소문난 일진 여학생들도 분위기 좋은 패밀리 레스토랑 같은 곳에 데려가면 순식간에 '은혜'를 받는다. 비싸면 비쌀수록 효과가 좋다. 그리고 비싼 데라는 것은 아는

지 한번 들어가면 본전을 뽑을 때까지 안 일어나며 수다를 떨어준다. 좋은 점은 자기끼리도 할 얘기가 많아 교사가 굳이 말을 안 해도 알아서 줄줄줄 이야기를 풀어 놓는다는 점이다. 그리고 남학생들에 비해 사교성이 훨씬 좋기 때문에 보다 더 빨리 친해지는 장점이 있다.

단점은 문제 발생 시 사후 관리가 까다롭다는 점이다. 빨리 친해지는 건 좋은데 삐치기도 훨씬 잘해서 난감할 때가 많다. 게다가 여학생들은 남학생에 비해 친구 관계가 복잡하고 샘도 잘 내는 편이라 거의 늘 문제를 달고 다닌다. 남자 교사들을 특히 당혹스럽게 하는 것은 말과 행동이 다르다는 점이다. 같이 잘 다니던 여학생 둘이 있었는데, 어느 날 한 아이가 안 보이고 나머지 한 아이는 다른 아이와 붙어 다니길래 물어보았다.

"혜림아~ 잘 있었지? 근데 미진이는 요즘 안 보이네?"
"몰라요. 그런 애랑 제가 무슨 상관인데요?"
"응? 너희들 친하잖아? 친구인데 몰라?"
"누가 친구래요? 저 미진이랑 안 친해요!"

항상 붙어 다녀놓고선 안 친하다고 우기니 교사는 할 말이 없다. 교사와 학생의 관계가 안 좋다면 상황이 이렇게까지 번진다.

"그런데 너 혹시 나에게 무슨 서운한 거 있니?"

"(눈을 흘기며) 아니요! 서운한 거 하나도 없거든요?"

이럴 때 초보 교사들, 특히 남자 교사들은 막막하기 그지없다. 그러나 이럴 때는 그냥 놔두는 게 상책이다. 섣불리 대화로 풀려고 했다가는 일이 더 커진다. 어떤 목사님이 이런 사춘기 여학생들을 가리켜 처음엔 잘 돌아가는데 문제가 생기면 답이 없는 복잡한 전자제품에 비유한 적이 있다. 모르고 고치려 했다가는 더 큰일 난다. 다행히도 전자제품은 혼자 회복되지 않지만 여학생들은 놔두면 어느 순간 풀려 있으니 감사한 일이다. 그 동안은 어쨌거나 교사가 마음고생을 해야 한다. 꼬인 이유? 굳이 알려고 하지 말라. 여자의 마음은 여자도 모른다고 하지 않는가.

여학생들 : 섣불리 풀어주려기보단 기다려라!!

관계 맺기
가장
어려운 대상

언젠가 이런 질문을 받은 적이 있었다. "관계 맺기 가장 어려운 아이들이 누구냐?"라는 질문이었다. 이런 건 연구 결과가 없으니 내 경험에 따라 답하자면 '직분자 자녀인데 출석을 잘 안 하는 아이들'이다. 잘 모르는 사람들은 이런 아이들부터 친해져서 교회 좀 나오게 해달라고 하는데 알고 보면 이런 아이들이 가장 어렵다. 차라리 교회에 처음 나온 새친구가 훨씬 쉽다.

이 아이들과 관계 맺는 것이 어려운 이유는 첫째, 이 아이들이 교회를 너무 잘 알기 때문이다. 직분자 자녀인만큼 어려서부터 교회를 드나들었고, 어느 순간 교회에 대한 기대가 싹 사라져서 다니기 싫은

데 억지로 끌려오는 아이들이라 대하기가 당연히 어려울 수밖에 없다. 같이 밥 먹자고 해도 별 효과가 없다. 교역자에 대한 기대도 없는데 등 떠밀려서 밥 먹으러 나왔으니 대화가 잘 될 리 없다. 게다가 오랫동안 출석을 안 한 아이의 경우, 같이 밥 먹자고 부를 만한 교회 친구도 딱히 없기 때문에 그야말로 썰렁한 분위기 속에서 둘이 마주앉아 밥을 먹어야 한다. 교역자에게나 아이에게나 고역스런 시간일 수밖에 없다.

둘째, 이 아이들이 교역자와의 만남을 기피하는 이유는 부모님을 통해 교역자에게 자신에 대한 안 좋은 정보가 들어갔을 것이라 지레짐작하기 때문이다. 칭찬할 거리만 있는 아이라면 억지로 부모의 손에 끌려와서 교역자를 만나고 있겠는가? 바보가 아닌 이상 아이도 다 안다. 또한 교역자 앞에서 섣불리 입을 열었다간 그 내용이 고스란히 부모님에게 다시 들어갈 것도 대충 알기 때문에 더 이상 입을 열기가 싫어질 수밖에 없다.

이런 아이들의 마음을 열려면 부모가 조바심을 내서는 절대로 안 된다. 유능한 사역자를 만나면 단번에 변화될 거라는 터무니없는 기대도 안 하는 게 좋다. 내가 아는 한 이런 아이들을 금방 변화시킬 만한 사람은 아직 없다.

유일한 해법은 부서 분위기 자체를 바꾸는 것이다. 부모가 아닌 제3자의 입을 통해 중고등부가 재미있다는 말을 들어야 마음이 열릴 여지가 생기는 것이다. 장수를 잡으려면 말을 먼저 쏘라는 말처럼 이 아이 주변에 있는 아이들을 먼저 공략해야 관계 형성의 단초가 생긴다. 되도록이면 다른 아이들과 시간을 많이 보내줘라. 그러다보면 자기도 모르게 샘이 나서 같이 끼려는 마음이 생겨나기도 한다.

또한 사역자는 학생의 비밀을 철저히 지켜준다는 인식을 심어줘야 한다. 교회에서 칭찬받는 모범생이라도 집안에서 있던 일을 사역자가 알고 있다면 기분 좋을 리 없고, 교회에서 있던 일을 집에서 아는 것도 마찬가지다. 사역자는 철저히 학생의 편에 서 있다는 인식을 줘야 마음이 열리게 된다. 부모와 갈등이 있다면 학생의 편을 들어주는 흉내라도 내라. 시간이 오래 걸리겠지만 현실적으로 이것 외에 더 빠른 길은 없다고 봐야 한다.

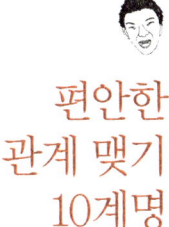

편안한
관계 맺기
10계명

친구가 좋은 이유는 편하기 때문이다. 그런데 친구 관계란 게 참 애매하게 시작한다. 부모 자식 관계는 임신이나 출산에서 출발하기 때문에 시작된 날짜가 정확하다. 부부나 연인 관계도 대충 언제부터 시작됐는지 알 수 있다. 그러나 친구 관계는 그 시작이 애매하다.

나 역시 매우 가깝게 지내는 고향 친구가 있지만 그 친구와 도대체 언제부터 친해졌는지 기억이 없다. 같은 중고등학교를 나왔지만 한 번도 같은 반이 된 적이 없어서 정확히 언제부터 친구가 되었는지 서로 모른다. 대강 중2 때쯤이 아닐까 막연히 추측만 할 뿐이다. 친구 관계라는 게 그렇다. 목적을 가지고 만나지 않고 부담 없이 시작하기 때문에 서로 시작점을 모르는 것이다.

친구 같은 교사가 되고 싶다면 눈에 힘을 **빼야** 한다. "내가 너를 반드시 복음으로 변화시키리라"는 불타는 의지를 가지고 만나면 좋은 교사는 될 수 있을지 몰라도 마음을 여는 편안한 관계가 될 수는 없다. 잊지 말자. 관계는 편안함에서 시작한다. 편안한 관계를 맺기 위한 10계명을 소개하고자 한다.

첫째, 일단 많이 먹여라

탱크 목사로 알려진 홍민기 목사님은 "성령님은 아웃백에 계신다"라는 말을 잘 하신다. 예배당에서는 별로 은혜받지 않고 말도 잘 듣지 않던 아이가 먹을 것을 사주면 순식간에 순한 양이 되는 모습을 빗대어 말한 것이다.

관계의 시작은 우선 먹는 것에서 시작한다. 청소년 시절은 먹고 돌아서면 배고픈 나이인지라 뭘 줘도 잘 먹는다. 잘 먹은 다음에는 마음이 잘 열리게 되어 있다. 말주변이 없는 교사들에게는 아이들이 먹느라 정신없어서 별로 말하지 않아도 되니 고마운 시간이기도 하다. 아이들은 의리 코드에 민감한데 이 의리란 대체로 남에게 뭔가를 얻어먹으면서 시작된다. 유치한 말이지만, 뭔가를 먹였으면 그에 대한 의리를 요구해도 아이들은 그러겠다고 한다. 설교는 잘 기억하지 못해도 밥 사준 것은 기억하는 것이 아이들이다.

● 편안한 관계 맺기. 제 혀랑. 많이 먹어라~

둘째, 되도록이면 1대 1로 만나지 마라

　사역자가 청소년과의 관계에서 많이 실수하는 것 중 하나가 1대 1로 만나는 것이다. 웬만큼 친해지더라도 1대 1 만남은 어색하기 짝이 없다. 학생이 무슨 비밀 상담 같은 것을 원해서 먼저 찾아오지 않는 한 다른 친구를 불러서 함께 만나는 게 좋다. 이때 대화의 주도권을 뺏길까 봐 두려워하지 말라. 말하지 않아도 뭐 때문에 만나자고 했는지 아이들은 이미 다 알고 나온다. 전도사님이나 교회 선생님이 만나자고 할 때는 뭘 요구하려는지 뻔하지 않은가? 그러니 한 마디도 안 해도 상관없다. 억지로 대화를 이끌어 가봐야 분위기만 어색해질 뿐이다. 아이들이 자기들끼리 하는 얘기들을 그냥 턱 괴고 들어만줘도 충분하다. 듣다가 한두 마디 끼어들어서 같이 웃어주면 그것만으로도 성공적인 만남이다.

셋째, 잡담을 많이 하라

친한 친구들 사이에서는 수많은 대화가 오고간다. 그 중에서 알맹이 있는 대화는 거의 없다. 아마 1퍼센트도 안 될 것이다. 99퍼센트는 잡담이다. 그런데 그 내용 없는 대화들이 관계를 만들어 간다.

그러나 교사와 학생 간에는 잡담이 거의 없다. 모두 새겨들어야 할 말들뿐이다. 내용이야 좋지만 그래서는 편안함을 느낄 수 없다. 교과서를 주고서 편안하게 읽으라는 말이나 똑같지 않은가? 편안함은 만화책을 읽을 때 느끼는 것이다. 만화책 같은 존재가 되어주라. 만화책이 가치 없다고 반문할지 모른다. 정작 아이들에게 꿈과 희망을 주는 건 만화 속 캐릭터들이 아닌가? 아이들은 교사의 말 한 마디만 보는 것이 아니다. 전 인격을 보게 된다. 내가 만화책 같은 존재가 되어준다 할지라도 배울 것은 다 배우게 되어 있다.

잡담의 장점은 결론을 예측할 수 없다는 점이다. 청소년은 뻔한 결론을 싫어한다. 엄마와 친구와의 대화가 다른 점이 무엇인가? 엄마와의 대화는 어떻게 시작하건 결국 공부하라는 말로 끝난다. 그러니 아이들이 대화를 피하는 것이다. 교사와의 대화도 결론이 뻔히 보이면 곤란하다. 그럴 바에는 그냥 아이들의 이야기를 들어주기만 하라.

또한 서론을 너무 길게 끌지 말라. 인사할 때도 그렇다. 잘 있었냐고 묻는 것은 어른들의 인사법이다. 아이들은 그렇게 인사하지 않는다. 바로 본론으로 들어간다. "너 어제 어디 갔었어?" "머리 바뀌었네?" "유아인이 누구야?" "아 오늘 짜증나" 등등 인사 없이 말을 시작한다. 그래도 아무 문제없이 잘만 대화한다. 잘 있었느냐고 묻는 것은 별로 할 말이 없다는 뜻으로 들리기도 하고 결론이 뻔한 이야기가 시작된다는 신호로 들리기도 한다. 아이들처럼 본론부터 대화하는 법을 몸에 익히면 대화가 훨씬 쉬워진다.

넷째, 이유 없이 삐쳐도 낙심치 말라

살다보면 아니 땐 굴뚝에 연기 나는 일을 겪기도 한다. 내가 뭘 잘못한 게 없는 것 같은데 특정 아이가 나를 싫어할 때가 있다. 주로 남학생보다는 여학생들에게서 이런 일이 발생하는데 당하는 쪽은 그야말로 난감하기 그지없다.

2004년에 의정부에서 사역을 할 때 그런 일이 있었다. 한 여학생이 나를 싫어하는데 하필 학생회장이었다. 다른 애들과는 아무 문제가 없는데 유독 그 아이만 그랬다. 그 아이가 다른 교사들과 관계가 안 좋으면 그러려니 하겠는데 다른 교사들과는 사이가 아주 좋았다. 관계 사역을 잘하고 있노라고 자부하던 터에 이런 일을 당하자 상심이 이만저만이 아니었다. 다른 아이들에게 물어봐도 이유를 알 수 없었다. 아무리 애써도 안 되는 일은 안 되는 것인지 방법이 없었다. 싫다는데 어떡할 것인가? 할 수 없이 그냥 그런가보다 하고 지냈는데 8-9개월쯤 지나서야 겨우 아이의 마음이 풀렸다. 임원 아이의 생일이 되어 여럿이 모였을 때 피자를 먹으면서 물어보았다.

"○○아, 하나 물어보자. 너 그동안 나를 왜 그렇게 싫어한 거야? 내가 너한테 뭔가 실수한 게 있는 거니?"

"아, 그거요… 호호, 그게… 전도사님 때문은 아니고요. 우리 오빠가 뚱뚱한데 오빠가 저를 자꾸 괴롭혀서 너무 싫거든요. 근데 뚱뚱한 전도사님을 볼 때마다 오빠가 생각나서 짜증났어요."

듣고 나니 기가 막혔다. 나를 8개월 동안 괴로움에 허우적거리게 한 원인이 겨우 자기 오빠랑 비슷해서라니! 그러니 내가 아무리 노력해도 소용없었던 것이다. 그 후 아이가 바로 고등부로 올라가는 바람에 교제를 많이 못 나눴지만 기본적으로 착하고 싹싹한 아이였다.

드물지만 이처럼 전혀 뜻밖의 이유로 관계가 꽉 막히는 경우가 생기기도 한다. 이런 때에는 그냥 무릎 꿇고 기도하는 것이 가장 좋은 방법이다. 요모조모로 살펴봐도 도저히 본인의 실수가 없다고 생각되면 그냥 나를 연단시키기 위한 주님의 계획이라 생각하며 그 아이를 품고 기도하는 것이 최선이다. 이유 없는 미움은 사라질 때도 이유가 없기 때문에 어느 정도 시간이 지나면 풀리기 마련이다. 중요한 것은 그때를 잘 참아내는 것이다. 자존심을 못 참고 아이에게 폭언을 가한다거나 하면 정말 관계가 돌이킬 수 없게 되는 수가 생긴다. 기억하자. 청소년 사역의 최대 미덕은 '인내'다.

다섯째, 무계획의 즐거움을 누려라

내가 자주 쓰던 방법인데 휴대폰을 열고 문자로 아무나 불러본다. 그러면 시간 되는 애들끼리 모여서 교회로 온다. 모이면 물어본다. "왜 부르셨어요?" "그냥~ 보고싶어서~" 어차피 시간 남는 애들이 온 것이기 때문에 별로 불만을 가지지 않는다. "뭐 할 거예요?" "너희는 뭐하고 싶어?" 그러면 자기들끼리 뭘 할 것인지 이것저것 이야기하지만 결론이 나지는 않는다. PC방 가자고 하면 여자애들이 싫어하고, 영화는 본 거라 싫다고 하고, 어디는 누가 싫어하고 이런 식으로 우왕좌왕한다. 그렇게 뒹굴거리다가 시간만 보내고 잡담만 하다가 가게 된다. 그런데 아이들이 의외로 이 시간을 굉장히 좋아한다. 좀 쌀쌀한 날에 따뜻한 교회 방 안에 모여서 이런저런 얘기하다가 간식을 사먹고 돌아간다. 아무것도 안 한 것 같지만 아이들은 서로 행복해하며 돌아간다.

주일날 2부 행사로 요리대회를 한 적이 있다. 그 대회를 통해 아이들이 꽤 친해졌다. 언제가 좋았느냐고 물어보았더니 의외로 '식재료 사러 걸어갔을 때'라는 대답이 가장 많이 나왔다. 마트까지 차로 가기엔 애매한 거리여서 그냥 걸어 갔다 오라고 했는데 조별로 같이 걸으며 이런저런 얘기를 나누다가 친해진 게 가장 기억에 남더라는 것이다. 편한 관계란 이런 것이다. 친구와 같이 있으면 아무것도 안 해도 충분히 즐겁다. 안 그래도 틀에 맞춰 5분 단위로 돌아가는 삶을 사는 아이들에게 무계획의 즐거움을 누리게 해주는 것도 좋지 않은가.

여섯째, 유머 감각을 키우라

유머를 싫어하는 사람은 없겠지만 특히 청소년들은 유머 감각 있는 사람을 좋아한다. 유머의 묘미는 반전에 있다. 전혀 예상하지 못했던 반전이 튀어나오면서 즐거워지는 것이다. 뻔하고 식상한 것을 싫어하는 십대 시절인만큼 반전이 있는 유머를 즐긴다. 근엄해 보이는 사람 입에서 저속한 표현이 나올 때 아이들이 깔깔 웃는 것이 이런 이유에서다. 초등학교 6학년에서 중1로 올라오는 여자아이들과 밥 먹을 일이 있었다.

"오빠 자리에서 컴퓨터 좀 했더니 의자에서 냄새난다고 뭐라고 하잖아요!"

"뭐 그딴 오빠가 있어? 너도 한마디 해줘. '오빠는 X도 안 싸는 거룩한 XX를 가졌나보네. 오빠의 XX에 경의를 표합니다~' 라고."

빵 터졌다. 아이들은 내가 한 이 말을 응용하고 또 응용하며 한 시간 가까이를 웃어댔다. 목사 입에서 설마 그런 표현이 나오랴 했던 터라 그렇게 웃겼던 모양이다. 밥상머리에서 X 얘기를 한 시간 동안 들었더니 밥맛이 떨어져 후회했지만, 덕분에 중1 아이들에게 '재미있는 목사님'으로 각인되어 아주 쉽게 첫 출발을 할 수 있었다.

대신 사람의 약점을 이용하는 블랙 유머는 조심해서 사용해야 한다. 제일 쉽게 쓸 수 있지만 상대가 그만큼 상처받기 쉽기 때문이다. 블랙 유머는 상당히 가까워졌을 때만 사용 가능하다.

"목사님, 쟤는 눈이 커서 참 부러워요."

"괜찮아, 대신 너는 얼굴이 크잖아~"

아이들과 웬만큼 친해진 다음에 써서 큰 문제는 없었지만, 이런 유머는 되도록이면 자제하는 게 좋다.

일곱째, 호감도는 전염성이 강하다

내가 새로 부임하면 첫 주에 꼭 하는 말이 있다. "가출하면 다른 데서 자지 말고 꼭 우리 집으로 와라. 새벽 3시에라도 받아주겠다." 아이들은 이런 말만 들어도 감동받는다. 그러고 나서 누군가 찾아왔을 때 정말로 재워주면 순식간에 입소문이 퍼진다. "저 목사님은 정말 우리를 재워주신대." 사실 아이들이 가출할 일도 별로 없고 몇 명만 잤음에도 모든 아이들에게 고마운 목사님으로 인증되는 것이다.

마음을 얻는다는 게 이렇다. 공동체 누군가에게 극진히 사랑을 베풀면 다른 아이들도 '언젠가 나도 그 사랑을 받을 수 있겠지'라고 기대하며 마음을 연다. 밥 사주고 잠

가출 후 우리집에서 자고 간 아이들

을 재워줘봐야 몇 명이나 그 혜택을 받겠는가? 그러나 심정적으로는 모든 아이들이 나에게 혜택을 받은 것처럼 느낀다. 이것이 호감의 전염성이다. 굳이 모든 아이들에게 잘해주려고 애쓸 필요도 없다. 어차피 아이들도 바빠서 교사를 만나기 힘들다. 큰소리 탕탕 쳐도 실제로 아이들에게 시간 쓰고 마음 쓸 일은 그리 많지 않다.

여덟째, 주보의 메인 사진을 자주 바꿔라

청년 사역으로 이름 날리던 S교회는 한때 홈페이지 사진을 매일 바꾸는 특징이 있었다. 그렇게 함으로써 뭔가 역동적으로 움직인다는 인상을 주려는 목적이었다. 참 좋은 아이디어다. 늘 새롭다는 느낌을 줄 수 있는 좋은 방법이다. 나도 주보 사진을 매주 바꾼다. 사진은 주로 학생들과 먹는 장면으로 올린다. 이렇게 하면 두 가지 좋은 점이 있다. 첫째는 아이들에게 교역자가 가까이 있는 것 같은 친근한 인상을 줄 수 있고, 둘째는 사진을 매주 바꾸기 위해 억지로라도 아이들을 만나게 되니 심방이 꾸준히 된다는 것이다.

아홉째, 주보 추첨을 이용하라

뭔가 구실이 있어야만 만날 수 있는 아이들이 있다. 이미 마음이 열려서 자기도 교역자와 친하게 지내고 싶은데 성격상 도저히 말을 못 꺼내는 아이들이다. 한 그룹 더 추가하자면, 교역자가 밥 먹자고 해도 별로 만나고 싶어 하지 않는 아이들도 있다. 그런데 이런 아이들

이 교회 안에 상당히 많다. 이 아이들의 마음이 열리지 않으면 전체 아이들의 마음을 장악하기 어렵다.

이런 아이들을 만날 구실을 마련해줄 수 있는 것이 주보 추첨이다. 내가 사역하는 교회는 주보 왼쪽 상단에 일련번호를 써넣고 예배 후에 추첨을 한다. 3명을 추첨하되 앞의 2명은 초콜릿이나 막대사탕 등 가벼운 선물을 주고, 세 번째 아이는 교역자와 밥 먹을 권리, 즉 식사권을 준다. 이때는 조금 비싼 음식점을 선택해서 특별함을 부여해주고 동반 친구 1인까지 데려올 권리를 인정해준다. 그리고 식사 장면을 인증샷으로 찍어서 주보 1면에 올린다. 그러면 아이들도 정말 시상이 정확히 진행되는구나 생각하고 더 기대하게 된다.

주보 추첨은 그야말로 복불복이기 때문에 누가 당첨될지 모른다. 그러기에 당첨자가 군말 없이 교역자와 식사하는 구실이 된다. 물론 교역자와 이미 친한 아이가 당첨될 확률도 있다. 그러나 52주를 꾸준히 하면 결국 거의 다 돌아가게 되어 있다. 따져보면 일괄적으로 순서를 매겨서 심방한 것이나 똑같다. 하지만 이 방식이 아이들에게 당첨될지도 모른다는 기대감을 주고, 심방받기 꺼려하는 아이들도 기꺼이 임하게 하는 효과를 가지고 있어 훨씬 더 쉽게 아이들의 마음을 열 수 있다.

열째, 설교에도 관계를 활용하라

설교자라면 누구나 예화 활용과 설교 도입에 골머리를 앓게 마련이다. 생각해보면 아이들이 귀를 쫑긋 세우는 경우는 딱 두 가지다. 첫째는 누가 들어도 웃긴 이야기, 둘째는 자신들의 이야기에 귀를 기울인다.

첫 번째 '누가 들어도 웃기는 이야기'는 대중 집회 때 유용하다. 설교자와 청중이 서로를 잘 모르기 때문에 유머 코드를 쓸 수밖에 없다. 대중 집회를 많이 하는 강사들은 대개 유머 코드를 한두 개씩 장착하고 있다. 탱크 목사 홍민기 목사님의 경우, 사석에서는 그렇게까지 코믹한 분이 아니고 남의 이야기를 듣고 웃는 역할만 할 때가 많다. 그런데 강단에 서면 코미디언 뺨치는 개그 본능을 펼친다. 홍 목사님과 집회를 다니다보니 부득이 같은 설교를 여러 번 듣게 되는데 들을 때마다 웃음이 터진다. 이런 달란트는 매우 유용하지만 아무에게나 있는 게 아니고 따라하기 어려운 단점도 있다. '카피'가 안 되는 재능이다. 또한 이런 개그 코드는 사역하는 교회에서는 별로 효과적이지도 않다. 개그 코드란 게 한계가 있고, 또 패턴이 읽히면 쉽게 식상해질 수 있기 때문에 사역 교회에서는 자제하는 게 좋다.

두 번째로 꼽은 '학생들 자신의 이야기'는 관계성을 바탕으로 하고 있기 때문에 대중 집회에선 쓸 수 없다. "제 아내가 어제 아기를 낳았습니다"라고 말해봐야 대중들은 별 관심이 없다. 대신에 자신의 교회 사역에서는 아주 유용하게 쓰인다. "내가 지난 토요일에 2학년 OO랑 밥을 먹으러 갔는데 말야…"라고 시작하면 대개 아이들이 귀를 세운다. 자기들의 이야기라 그렇다. 관계가 형성되면 사역자 개인

의 이야기를 해도 잘 들어준다. 위의 이야기를 응용해보면 이렇다.

나　　: 아내가 어제 아기를 낳았습니다.
아이들 : 우와~ 축하해요(박수 치며 환호성을 올린다).
나　　: 아기가 저를 꼭 닮았습니다.
아이들 : 어~ 그럼 안 되는데(역시 웃으며 대답한다).
나　　: 그런데 딸입니다.
아이들 : 악~ 큰일 났다. 주여!! 목사님~ 기도할 게요(더 큰 웃음이 터진다).
나　　: 큰일 맞습니다. 저도 걱정스럽습니다. 그러나 저를 닮지 않고 옆집 아저씨를 닮았다면 더 큰일입니다. 여러분이 하나님의 자녀라면서 하나님을 닮지 않으면 그게 큰일입니까 아닙니까?

실제로 내가 2009년에 설교 도입부에 쓴 유머다. 아이들과 관계가 충분히 형성되어 있기 때문에 다같이 웃고 즐길 수 있는 것이다. 이런 코드는 유머 감각이 없어도 얼마든지 응용할 수 있다. 쉼 없이 아이들과 호흡할 때 설교 예화 거리가 더 많아지고, 그것이 아이들과의 관계를 더 풍성하게 하는 시너지 효과를 낸다.

전도만큼은 때가 이르면 다 거두게 되어 있다.
우리가 부둥켜 안고 눈물 흘린 영혼은
모두 하나님께서 기억하신다.
포기하지 말고 낙심하지 말자.
우리가 바라볼 것은 하늘의 상급이요,
하나님의 판단이기 때문이다.
하나님께서 찾으시는 사람은
실패를 두려워하지 않는 전도자다.

:: 다섯 번째 장 ::

실패를 두려워하지 않는 전도자

허상에
속지 말자

    사역자들과 꼭 나누고 싶은 말이 있다. 우리는 본질이 아닌 허상에 자주 속는다는 것이다. 속아서 별 문제가 없다면 상관없지만 자꾸 속기 때문에 바로 갈 수 있는 길을 항상 빙빙 돌아서 가게 된다. 내가 자주 속았던 것들이 있다. 속는 줄 뻔히 알면서도 당했다. 한 영혼을 사랑하는 것이 전도라고 목청껏 외치면서도 계속 눈뜨고 당하게 만드는 것들이 있었다. 우리가 전도를 불편하다고 느낀다면 허상에 속고 있다는 증거다. 사탄은 끊임없이 허상을 만들고 우리를 미혹하여 전도를 괴롭고 고통스런 것으로 오해하게 만든다.

책에 속지 말자

조지 워싱턴 전기의 불편한 진실

    초등학교 4학년쯤에 미국 초대 대통령인 조지 워싱턴의 일화를 감명 깊게 읽었다. 아버지가 아끼는 벚나무를 실수로 베어버렸는데 용기 있게 고백하니까 아버지가 용서해주시더라는 이야기였다.

    나는 그 이야기에 매우 감명을 받아서 나중에 같은 상황에 처하면 조지 워싱턴처럼 행동해야겠다고 마음먹었다. 그리고 그 기회는 생각보다 금방 찾아왔다. 아버지의 라이터를 가지고 놀다가 실수로 모기장을 아주 조금 태워먹은 것이었다. 아버지는 노발대발하여 누가 그랬느냐고 우리 남매에게 물으셨고, 나는 당당하게 내가 그랬노라고 고백했다. 그러면 아버지도 웃으며 용서해주실 줄 알았다. 그러나 이게 웬걸? 곁에 있던 빗자루를 들고 사정없이 때리시는 게 아닌가? 먼지 나게 두들겨 맞은 그날 밤, 나는 억울해서 잠이 오지 않았다. 뭔가 단단히 속은 느낌이었다.

'책에는 분명히 용서하는 걸로 되어 있었는데 왜 우리 아빠는 나를 사정없이 때리셨을까? 아, 내가 나중에 대통령이 못 되면 다 아빠 때문이야!'

그런데 책에 속아넘어간 것은 조지 워싱턴 전기의 경우만이 아니었다. 전도와 부흥에 관한 수많은 책들도 상당수가 내게 실망을 주었다. 분명히 "이렇게 하면 전도가 된다"라고 해서 돈 주고 책을 샀는데 아무리 그렇게 해봐야 전도가 잘 안 되었기 때문이다. 다른 사역은 몰라도 왠지 전도만큼은 제대로 해야 할 것 같아서 책에서 시키는 대로 다 해보았다. 땅 밟기, 노방전도, 축호전도, 학교 앞 전도에 무슨무슨 전도법이라고 쓴 책들도 다 읽고 다 시도해보았고, 전도 캠프도 틈만 나면 참석했다. 신대원에서도 전도 관련 과목들을 열심히 수강했다. 그러나 뭐 하나 제대로 효과를 본 게 없었다. 심지어 점집에 들어가서 전도해보기도 했는데 역시 욕먹고 쫓겨나는 것 외에는 별다른 열매가 없었다.

어릴 적 조지 워싱턴의 전기에 속았듯이 전도 서적들에 속은 게 아닌가 싶었고 시키는 대로 하다 지쳐서 책에 대한 불신만 남았다. 불신도 몇 번 쌓이고 나니 체념으로 바뀌었다. 어떤 책에서 무슨 소리를 하든 그냥 허허 웃고 별 기대도 안 하게 되었다.

'책에 나오는 대로만 된다면 세상에 못할 게 어디 있겠어?'

아마 이렇게 생각하는 사람이 나 하나만은 아닐 것이다. 나이 서른이 넘고, 사역한 기간이 오래 되면서 책들이 가지고 있는 '불편한 진실'을 깨닫게 되었다. 책에는 실패담을 잘 쓰지 않고 성공담만 쓴다는 간단한 진실이었다. 이유는 간단하다. 실패담은 우리 주변에서 얼마든지 찾아볼 수 있기 때문이다. 그래서 보기 드문 현상만 모아서 책에 쓰게 되는 것인데 나는 그 드문 현상을 일반적인 현상이라고 착각하며 책을 보았기 때문에 실망했던 것이다.

실패 없는 전도는 없다

전도는 특히 이런 특징이 강하다. 한번 생각해보자. 우리는 전도하면서 무엇을 바라는가? 내가 입을 열고 4영리를 전하기만 하면 듣는 사람이 귀가 솔깃해지면서 표정이 진지해지고 어느새 한 줄기 눈물을 흘리며 더듬거리는 목소리로 예수님을 영접하는 그런 장면을 기대하지 않는가? 이런 경우도 있을 수는 있다. 그러나 확률은 1퍼센트 미만일 것이다.

상식적으로 생각해보자. 새신자들을 대상으로 조사한 어느 통계자료에 따르면, 한 사람이 예수님을 영접하기 위해서는 평균 4명에게 진지하게 전도를 받아야 한다고 한다. 처음에는 완강하게 복음을 거부하던 사람이 2차, 3차, 4차의 전도를 받고 나서야 마음을 연다는 것이다. 우리 눈으로 볼 때, 앞의 3명은 전도에 실패한 것처럼 보인다. 하지만 하나님의 관점에서는 모두가 가치 있는 사역이기에 같은 상을 주신다.

그나마 이것은 예수님을 영접하고 교회로 들어온 사람들의 경우이고, 실제로 끝까지 거부하는 사람들은 포함되지 않은 것이니 확률은 더 떨어진다. 아주 단순히 생각해서 계산해도 이렇다. 내가 전도하는 사람이 전도될 사람이라 치더라도 이번에 전도될 확률은 4분의 1이고, 그나마 전도될 사람도 (우리나라 현재 기독교 인구를 전체의 20퍼센트로 봤을 때) 전체 인구의 5분의 1에 지나지 않으므로 내가 나가서 누군가를 전도할 때 그 사람이 전도될 확률은 5퍼센트, 즉 20분의 1밖에 안 된다는 이야기다. 열아홉 번의 실패를 겪어야 한 명의 영혼을 건지는 것이다.

전도라는 게 원래 이런 것이다. 열아홉 번의 실패를 전제하고 하는 것이다. 그런데 사람들이 열아홉 번의 실패가 아니라 한 번의 성공을 주로 책으로 내다보니 나하고는 전혀 상관없는 먼 나라 이야기 같이 느껴졌던 것이다. 그들이 해낸 일은 대단히 훌륭하고 도전을 많이 주지만 너무 놀라운 일들이어서 차마 내가 할 수 있는 일이라고는 생각되지 않았다. 그러나 이것은 내가 책의 속성을 몰라서 속은 것이다. 특별한 사람들만 특별한 일을 해낸다면, 왜 예수님께서 당대의 지식인들을 놔두고 학식 없는 어부들을 제자로 부르셨겠는가?

내가 지금 쓰는 이야기도 열아홉 번의 실패를 전제로 쓰는 것임을 기억해주기 바란다. 6명으로 시작한 학교 전도 모임이 6개월 만에 150명으로 늘기도 했고, 37명으로 시작한 중고등부가 6개월 만에 97명까지 올라가기도 했지만 차마 책에 싣지 못하는 씁쓸한 실패의 기록이 훨씬 많다. 하도 많아서 열아홉 번이 아니라 아흔아홉 번은 실패한 것 같다.

이 책을 읽는 당신도 분명 여러 차례 실패하게 될 것이다. 내 나름대로 상세하게 학교 전도와 정착에 관한 내용들을 실었지만 각자의 현장에서 적용할 때는 또 다른 변수와 상황 때문에 여러 차례 쓴 맛을 보게 될 것이다. 그때 "이 책에서는 됐는데 왜 나는 안 되는 것일까? 기도가 부족한 건가?" 하며 자책할 필요 없다. 그것은 지극히 당연한 과정이기 때문이다. 아니 어쩌면 당신은 청소년 전도의 또 다른 영역을 열어가는 중일 수도 있다. 포기하고 싶을 때는 이 한 구절의 말씀만 기억하면 된다.

"우리가 선을 행하되 낙심하지 말지니 포기하지 아니하면 때가 이르매 거두리라"(갈 6:9).

하나님이 기억하신다

전도는 하나님이 하시는 것이다. 세상에 이처럼 쉽고 복된 일이 어디 있는가? 세상에는 죽도록 일하고도 아무 결과를 얻지 못하는 일이 허다하다. 평생 모은 재산을 한 순간에 날려버리는 일도 얼마든지 있다. 때 아닌 폭우로 1년 농사를 몽땅 말아먹는 일도 많다. 그러나 전도만큼은 때가 이르면 다 거두게 되어 있다. 우리가 부둥켜 안고 눈물 흘린 영혼을 모두 하나님께서 기억하신다. 당장 내 눈 앞에서 예수님을 믿지 않고 교회에 안 나온다고 해서 주님께서 기억 못하시지 않는다.

　열매가 없을지언정 포기하지 말고 낙심하지 말자. 우리가 바라볼 것은 하늘의 상급이요 하나님의 판단이기 때문이다. 하나님께서 찾으시는 사람은 실패를 두려워하지 않는 전도자다.

크기에 속지 말자
우리 부서는 건강한가?

하나 더 전제하고 싶은 것이 있다. 자기 부서의 숫자가 늘어난다고 다 부흥이 아니고 다 전도가 아니라는 것이다. 예를 들어 어느 교회의 중고등부 숫자가 1년 만에 100명에서 200명으로 늘었다고 치자. 대단한 결과가 아닐 수 없다. 그러나 같은 기간에 장년 교인들이 1,000명에서 5,000명으로 늘었다고 하면 어떻겠는가? 물론 갑자기 아이들의 수가 100명이나 늘어나서 교역자와 교사들의 수고가 상당하겠지만, 어디 가서 자랑할 만한 일은 결코 아니다. 늘어난 100명의 학생들은 보나마나 부모가 억지로 끌고 온 아이들이 거의 대부분일 것이기 때문이다.

연초에는 아이들이 일시적으로 늘어나는 현상이 있다. 새해가 되면서 부모들이 올해부터는 우리 아이들을 교회에 보내야지 결심하고 보내는 경우가 있기 때문이다. 사역 초년에는 이것을 교역자인 내가 잘해서 늘어난 걸로 착각하기 쉽다. 특히 교역자의 부임이 거의 연말에 이루어지기 때문에, 연말에 줄었던 학생들이 연초가 되어서 늘어나면 '내가 잘해서 이렇게 됐나' 하고 착각하는 경우가 있다. 설교에 자신 있는 교역자는 특히 더 쉽게 이런 착각에 빠진다. 자기 설교에 은혜받아 아이들이 늘어난 줄 안다. 이런 마음에 가슴이 부풀어 장밋빛 계획을 세우지만 그 꿈이 깨지는 것은 불과 3개월도 걸리지 않는다. 대개 3, 4월이 되면 원래 숫자로 돌아가게 되어 있다.

부서 학생들의 숫자가 많다는 것 혹은 늘어난다는 것만으로 부서의 건강성을 평가해서는 안 된다. 숫자의 변동에는 많은 외생변수들이 존재하기 때문이다.

이상적인 기준

그럼 무엇을 기준으로 보아야 하는가? 중고등부의 건강성을 평가할 수 있는 기준 중에 하나는 '불신 부모를 둔 학생들의 비율'이다. 이 아이들이야말로 누군가의 전도를 받아 교회에 나오게 된 아이들이기 때문이다. 따라서 이 비율이 높으면 높을수록 중고등부가 건강하

다고 보면 거의 틀림없다. 이상적인 비율은 '믿는 부모를 둔 학생 : 불신 부모를 둔 학생 = 5:5'라고 볼 수 있다. 학생 하나가 다른 학생 하나를 전도한 형태이기 때문이다.

유초등부에서 전도된 아이들이 중고등부에 그대로 올라가는 경우도 많지만, 대체로 상급 부서로 올라가면 교회를 떠나는 아이들의 대부분은 불신 부모를 둔 학생들이기 때문에 중고등부에서도 이 기준을 적용하는 데 큰 무리는 없을 것이다. 따라서 이 비율을 유지하기 위해서는 중고등부가 전도에 상당히 관심을 기울이고 노력해야 한다. 실제로 내가 사역한 바에 의하면 5대 5인 경우는 거의 없고, 대부분 7대 3이나 8대 2 정도였다. 지금이라도 당장 우리 중고등부의 비율을 조사해보라. 그 비율이 6대 4 정도만 나올 수 있다면, 그 교회는 전도에 관한 한 상당히 건강한 교회라고 할 수 있다.

그러나 안타깝게도 상당수의 대형 교회들이 이 기준에 따르면 별로 건강하지 못하다. 내가 90년대에 2년 동안 교사로 섬겼던 강남의 대형 C교회는 당시 교단을 대표했고 중학교 1학년 학생만 300명이 모이는 교회였다. 그때 학생들에게 설문조사를 했다. 그 중에 "부모님이 C교회를 다니는가?"라는 질문이 있었다.

놀랍게도 부모 두 분 모두 C교회에 다닌다고 답한 학생들이 90퍼센트가 넘었다. 내 기억에 약 280명 정도가 그렇게 응답했다. 나머지 20여 명의 학생 중에서도 절반이 부모 중 한 분만 C교회에 다닌다고 응답했다. 불신 부모를 둔 학생들은 10명이 채 될까 말까였다. 위의 기준에 따르면 거의 9.7대 0.3 수준이었다. "중등 1부가 아닌 탁아 1부"라는 자조 섞인 말이 농담처럼 들리지 않는 상황이었다. 그럼에도 이 문제를 놓고 그리 심각하게 논의한 적도 없었고 문제라고 느끼는 분위기도 아니었던 것 같다. 얼른 보기에는 예배실이 꽉 찰 정도로 숫자가 많으니 오히려 흐뭇해하는 분위기였다. 심지어 대형 교회 중등부라는 이유 때문에 탐방을 오는 교회가 적지 않았다. 전도는 사실상 뒷전에 미뤄놓고 철저히 관리에 초점을 맞춘 시스템을 왜 배우려고 오는지 알 수 없었다.

물론 모든 대형 교회가 이런 것은 아니다. 대형 교회만의 장점을 가지고 성실하게 사역하는 교회와 교역자들도 얼마든지 있다. 내가 아는 어떤 분은 전북 군산에서 500명이 넘는 청소년부를 담당하고 있다. 이분은 500명 되는 아이들의 이름을 다 외우지 못함을 늘 안타까워하고 매주 학교를 돌며 학교 전도와 학생 심방을 할 정도로 열심이다. 이분 외에도 많은 분들이 구조적인 어려움을 사명과 헌신으로 극복하고 있다.

그럼에도 대형 교회의 중고등부는 다른 중소규모 교회 중고등부의 모델로 삼기에는 적합하지 않다. 숫자가 적다면 오히려 기회로 삼고 아이들 곁에 뛰어들어 같이 호흡하며 사역하라. 대형 교회에서 맛볼 수 없는 또 다른 기쁨과 감격이 있을 것이다.

규모가 교회의 건강함을 말하지 않는다

규모에 속지 마라. 우리는 자신도 모르는 사이에 교회의 규모, 부서의 규모로 서로를 평가하는 오류에 자주 빠진다. 이름만 대면 알 만한 대형 교회에서 사역하면 나도 모르게 어깨에 힘이 들어가고, 변두리 작은 교회의 작은 부서를 맡고 있으면 나도 모르게 겸손해진다. 큰 부서를 맡으면 아무것도 안 해도 으쓱해지고, 작은 부서를 맡으면 열심히 뛰면서도 죄인이 된 기분이다.

나는 가장 적게는 평균 10여 명 출석의 부서를 맡은 적도 있고, 많게는 200명 이상 출석하는 부서를 맡은 적도 있다. 교역자들의 모임에 가서 교회와 부서의 규모를 대면 그 수에 따라 나를 대하는 태도도 묘하게 달랐고, 나 역시도 그 분위기에서 자유롭지 못했다. 정작 큰 부서를 맡았을 때 사역이 더 부실했는데도 말이다.

이 얼마나 부끄러운 풍토인가? 허상에 속고 있는 것이다. 하나님께서 인정하시는 진정한 영적 강자는 몇 명이 되었든 간에 내 눈 앞에 있는 소수의 영혼들을 위해 복음을 들고 몸부림치는 '규모에 주눅 들지 않는 전도자'일 것이다.

숫자에 속지 말자
전도에도 부작용이 있다

"우리는 전도를 많이 합니다. 아주 건강한 교회입니다"라고 말하는 교회에도 허상은 있을 수 있다. 기도와 전도는 아무리 해도 부작용이 없다며 전도를 강조하는 교회에서 종종 이렇게 말한다. 그러나 세상에 부작용 없는 것이 어디 있겠는가? 뭐든 지나치게 강조하면 반드시 부작용이 생기게 마련이고 전도도 예외는 아니다.

전도에 부작용이 생기는 이유는, 전도하는 사람의 영적 상태를 돌아보지 않고 무조건 목표만 향하여 맹목적으로 몰아붙이기 때문이다. "꿩 잡는 게 매" 식으로 수단 방법을 가리지 않아서는 안 된다. 전도만 하기 위해 태어난 아이는 없고, 또 그렇게 될 이유도 없다. 전도

는 한 영혼이 성장하면서 나타나는 자연스런 현상 가운데 하나가 되어야 한다.

성장하는 영혼은 예수님에 대해 말한다

한 영혼이 예수님을 영접하고 성장하다보면 여러 현상들이 나타난다. 먼저 어렴풋하게나마 기도가 무엇인지 알게 된다. 하나님의 존재에 대해서 희미하게나마 인식한다. 예배 시간에 매번 졸던 아이가 설교에 집중하기 시작한다. 시키지 않아도 뭔가 봉사하고 싶어 하며 찬양단에도 흥미를 갖는다. 그러던 와중에 자연스럽게 자신이 알게 된 하나님에 대해서 말하고 싶은 마음이 생겨난다. 자기가 아는 하나님에 대해서 전해주는 것, 이것을 전도라고 한다. 이 마음이 없이 하는 전도는 전도가 아닌 그냥 포교 활동에 지나지 않는다.

간혹 전도를 무엇 때문에 하는지 모르고 하기도 한다. 이런 문제를 살피지 않고 침체된 부서 분위기를 바꿔보겠다고 무조건 밀어붙이면 문제가 생긴다. 전도를 가르칠 때는 그 부서와 학생들의 전인적인 상태를 점검하면서 지나치지도, 모자라지도 않게 이끌어야 하는 것이다.

그런데 균형을 잡는 것은 생각보다 어려운 일이다. 전도를 가르치지 않는 교회는 1년 내내 전도할 생각을 안 하고, 전도를 강조하는 교회는 지나치게 강조하여 아이들로 하여금 전도에 회의를 갖게 하는 오류를 범한다.

전도를 언급하지 않는 교회야 당연히 문제지만 너무 강조하는 것도 문제가 있다. 전도 자체가 목적이 되어버리면 수단 방법을 가리지 않고 어떻게든 아이들을 데려오게만 하려다가 수많은 부작용을 양산한다. 대표적인 것이 지나친 선물 공세로 인한 부작용이다. "염불보다 잿밥"이라는 속담처럼 상품 자체에만 관심이 쏠리다보니 전도의 본질을 잊어버리게 되고 아이들의 버릇만 나빠진다. 전도한 친구를 값비싼 패밀리 레스토랑에 데려가고, 전도왕에게는 넷북 등 고가 상품을 걸고, 문화상품권을 남발하면 아이들이 상품 때문에 전도를 하게 되고, 새로 나오는 아이들도 상품만 노리고 이 교회 저 교회를 기웃거리는 하이에나 같은 습성을 갖게 된다. 당연한 결과로 전도주일에야 숫자가 반짝 올라가겠지만 전도주일이 지나가고 나면 도로 원래 숫자로 떨어지고 만다. 안타깝게도 이런 현상은 전국 어디에서나 쉽게 볼 수 있는 실정이다.

목적을 잃은 전도

신림동에 있는 어떤 교회는 새친구들에게 동해 바다에 데리고 간다는 조건을 걸었는데, 여름방학 때 폭발적으로 늘었던 아이들은 개

학과 동시에 썰물 빠지듯 빠졌다. 대구에 있는 어떤 교회는 전도주일에 새친구를 전도하면 전도자에게 1인당 5천 원짜리 문화상품권 한 장을 선물로 주었다. 새친구에게도 한 장씩 주었다. 그랬더니 어떤 학생이 무려 55명을 동원하여 27만 5천 원 어치의 상품권을 받아갔다. 그 55명의 아이들 중 한 달 넘도록 출석한 아이는 한 명도 없었다. 그 55명 역시 복음을 듣고서 교회에 온 것이 아니라 이번 주에 나오면 문화상품권을 준다는 말 때문에 온 것이라 이미 상품권을 챙긴 마당에 계속해서 불편한 자리에 나올 이유가 없었던 것이다.

심지어 나에게 4, 5월이 피크여서 매년 여러 교회를 순례한다고 자랑스럽게 떠벌리는 학생들까지 있었고, 학교 전도를 통해 만난 어떤 학생은 분명히 다른 교회에 출석하고 있음에도 전도주일에는 내가 섬기는 교회에 나오겠다고 자원하기도 했다. 이쯤 되면 무엇 때문에 전도를 하고 있는지조차 헷갈릴 정도다. 목적의식을 잃은 전도, 전도 자체를 위한 전도가 되는 것이다.

전도자에게 격려 차원에서 선물을 하는 것은 바람직한 일이나 그 금액이 지나쳐서 아이들로 하여금 선물에 눈이 멀도록 해서는 안 된다. 전도는 그 자체로 아름다운 일이며 지상 명령이고, 더 큰 상급은 천국에 있음을 깨닫도록 해야 한다.

상품의 또 다른 **부작용**

　지나친 상품의 폐해는 또 다른 부작용을 양산한다. 바로 신실한 학생들로 하여금 전도를 기피하게 만드는 부작용이다.
　어느 교회에나 깊이 있고 신실하게 신앙의 본질을 추구하고 싶어 하는 기특한 아이들이 있기 마련이다. 이런 아이들은 전도의 중요성은 알지만 여기에 지나친 상품이 개입하면 찜찜함을 갖게 된다. 그리고 교회 안에서 별로 주목받지도 않고 사고만 치던 아이들이 고액의 상품을 타려고 친구들을 동원해 전도왕에 오르는 모습을 보면서 이건 전도의 본질이 아니라며 혀를 차게 된다. 더구나 그렇게 나온 새 친구들은 상품에 눈이 멀어 나온 것이어서 몇 주 있으면 또 안 보일 것이라는 사실을 뻔히 알기 때문에 전도 행사 자체에 대한 혐오감마저 갖는다.
　이런 일을 몇 년에 걸쳐서 겪다보면, 어느새 이 아이들은 '전도는 무가치한 것'이라는 잘못된 관념을 갖게 되고 급기야는 전도를 기피하게 되어버린다. 이런 아이들에게 왜 전도하지 않느냐고 하면 위에서 언급한 이유들을 댄다. 전도 안 하는 아이들의 잘못도 있지만 전도하기 싫은 구실을 만들어주는 것 역시 지혜롭지 못한 일이다.
　전도를 꾸준히 독려하되 일회성으로 강조하는 것이 아니라 아이들이 전인적으로 성장하는 가운데 자연스럽게 전도가 배어날 수 있도록 유도하는 것이 건강한 전도의 관건이다.

살만 찌우는 잘못된 성장

전도의 부작용이 끊임없이 제기되는 이유는 무엇일까? 간혹 전도를 강조하는 동기 자체가 순수하지 못한 경우가 있다. 단시간에 폭발적으로 숫자를 늘려서 '능력 있는 목회자'로 보이고 싶어 하는 욕심 때문이다. 욕심이라고만 하기에는 현실적인 문제도 같이 걸려 있다. 부끄러운 말이지만, 우리 한국 교회의 풍토상 문제 있는 담임 목사라 할지라도 부임 후 교인 수가 20-30퍼센트만 늘어나면 웬만한 문제는 다 덮어준다. 반대로 실력 있고 순수한 목사라 해도 교인 수가 줄어들면 담임 목사직이 위태로워진다.

부교역자의 경우도 마찬가지다. 자기가 맡은 부서에서 실적을 내야 교회에서 알아주고 앞길이 유리해진다. 실적이 나오지 않으면 교회와 담임 목사에게 눈칫밥을 먹을 수밖에 없다. 게다가 언제까지 부교역자로 있을 수는 없는데 담임 목사직은 한정되어 있기 때문에 뭔가 두각을 내보이지 않으면 어느 순간 도태되기 십상이다. 그래서 어떻게든 교인 수를 늘리고 싶어 한다. 이 욕심에서 자유로운 목회자는 많지 않다.

오르티즈 목사가 쓴 「제자입니까」(후안 카를로스 오르티즈, 두란노)라는 책에는 이런 대목이 나온다. 오르티즈 목사가 부임하고 교인들이 200명에서 600명으로 늘었다. 모두가 능력 있는 종이라고 인정하는데 기도 중에 주님께서 그에게 나지막한 음성을 들려주셨다.

"오르티즈야, 네 교회는 성장한 게 아니라 살이 찐 것이다."

우리가 한 영혼을 사랑하는 마음으로 전도하지 않고, 전도하는 사람과 전도받는 사람 모두를 사랑하는 마음을 갖지 않는다면 성장하는 부서가 아닌 비만 부서를 만드는 오류를 범하게 된다.

숫자에 속지 말자. 몇 명이 되었든 간에 예수님을 주님으로 고백하는 영적 군사가 나오는 것이 중요하다. 한국 기독교가 욕을 먹는 이유가 기독교인의 숫자가 적어서가 아니지 않은가? 예배실에 수백 명의 아이들이 앉아 있다 할지라도 그 중에서 예수님을 위해 생명을 바칠 천국 일꾼이 몇 명이나 되는지 가늠해내고 더 많은 영적 용사들을 배출해낼 수 있는 안목을 길러야 한다. 아이들이 예수님을 믿지 않는 것에도 아파해야 하지만 예수님을 닮지 않는 것에도 아파할 수 있어야 균형 잡힌 신앙인을 길러낼 수 있다.

부자가 3대를 못 가는 이유

"부자 3대 못 간다"라는 속담을 들어본 적이 있을 것이다. 속담이야 그 해석이 다양하기 마련이지만 나는 이렇게 해석한다. 1대는 가난하게 태어났으나 열심히 노력해서 마침내 부자가 된다. 2대는 그리 어렵지 않게 자랐으나 하도 아버지가 절약을 강조해서 나름대로 재산을 관리할 줄 알아 그런대로 부자의 지위를 유지한다. 그러나 3대는 할아버지가 어떻게 고생해서 부자가 되었는지 잘 모르기에 재산을 아낌없이 펑펑 쓰다가 가난해지고 만다.

아마 이 해석이 크게 틀리지는 않을 것이다. 왜 이 속담 이야기를 꺼냈느냐면, 오늘날 한국 교회가 이 속담에 딱 들어맞는 것처럼 보이기 때문이다. 한국 교회는 1대에 큰 부흥을 겪었고 2대에는 그런대로 잘 유지했으나 3대째에 이르러 위기를 맞고 있다.

　한국 교회는 겉으로는 상당한 부자처럼 보인다. 수백만의 교인들이 있고 세계에서도 손꼽히는 대형 교회들이 몰려 있으며 세계에서 두 번째로 선교사를 많이 파송하는 선교대국이다. 새벽기도의 열정이 대단하고 수많은 헌신자들이 있다. 세계 유수의 교회들이 한국 교회를 탐방하러 와서 배워 갔다. 텅 빈 예배당에서 노인 수십 명만 모여 예배드리는 서구 교회들 눈에는 부럽기 짝이 없는 그야말로 '거부'의 모습이다.

　오늘의 한국 교회가 있기까지는 1세대라고 불러도 좋을 개척자들의 눈물과 헌신이 절대적이었다. 6.25 종전 이후 우리나라는 세계에서 가장 가난한 나라였다. 당장 끼니를 걱정해야 하는 절대 빈곤 속에서 우리 신앙의 선조들은 멍석을 깐 천막에 모여 예배를 드렸고, 나라와 민족을 위해 뜨거운 눈물을 흘리며 부르짖었다. 배를 곯아가면서도 하나님 앞에 십일조와 헌물을 정성스럽게 바쳤고, 전도가 하나님의 사명이라 굳게 믿고 복음 전하는 일에 힘썼다. 이런 눈물겨운 1세대의 헌신에 하나님께서 은혜를 베푸셔서 우리는 60, 70년대에 기록적인 부흥을 경험하고 오늘날 한국 교회를 이루는 근간을 마련했다. 현재 이름을 날리는 대형 교회들은 거의 모두가 1980년 이전에 개척된 교회들이란 사실만 보아도 이들의 헌신이 얼마나 뜨거웠는지 알 수 있다.

그런 1세대를 부모로 둔 2세대들은 1세대만큼의 열정은 없지만 부모의 뜨거운 신앙을 보며 자랐기에 신앙이 얼마나 중요한지 가슴에 새기고 자란 세대다. 80년대 이후 교회는 성장의 정체기를 맞았지만 그런대로 교회 모임의 열기는 뜨거웠고, 새벽기도나 철야기도 등의 영적 유산들도 온전히 남아 있었다. 은혜를 사모하는 마음도 여전히 남아 있었다. 내가 초등학교 시절까지만 해도 동네의 한 교회가 부흥회를 하면 너도 나도 내 교회, 네 교회를 가리지 않고 가서 말씀을 듣고 은혜받고 오던 시절이었다. 아직 기저귀를 찬 아기를 들쳐업고 새벽기도 드리러 나오는 젊은 어머니들의 모습도 흔히 볼 수 있었다. 이때까지만 해도 한국 교회를 위기라고 진단하는 목소리는 거의 없었다.

그러나 3세대가 되면서 이야기는 달라진다. 3세대는 1세대가 가진 야성도 없고, 2세대가 가진 믿음의 성실함도 없다. 태어날 때부터 유아세례를 받았고, 취학 전에 이미 교회 선교원을 들락거려서 학교보다도 교회가 더 익숙한 세대지만, 아이러니하게도 이들에게 예수 그리스도는 목숨 바쳐서 충성해야 할 '구세주'가 아닌 경우가 너무도 많다. 그냥 어려서부터 종교 교육을 착실히 받아 기독교 '취향'을 가졌을 뿐 그것 외에는 불신자들과 뭐가 다른지 알 수 없을 정도다.

구원의 확신 문제로 설문조사를 해보면 나오는 답들이 아주 가관이다. 모태신앙이라고 말하는 아이조차 제대로 된 구원관을 모르는 경우가 태반이다. 가치관이나 행실은 더 가관이어서 생각하고 행동하는 '꼴'을 보면 기가 찰 지경이다. 기회가 있다면 혼전 순결 같은 주제로 설문조사를 해보라. "임신만 안 하면 되는 거 아니에요?" 불신 학생이 하는 말이 아니다. 중고등부 회장쯤 되는 애들이 하는 말이다. 이건 아이들만 뭐라고 할 문제도 아니다. 부모들의 탓도 크다. 유초등부 시절만 해도 교회는 꼭 가야 하는 곳이라고 가르치지만 정작 자녀가 중학교에만 들어가도 태도가 달라진다. 시험 기간에 학원과 예배 시간이 겹치면 슬슬 눈치 보며 자녀를 학원에 보내고, 아이가 고3쯤 되면 아예 1년 내내 교회에 가지 않아도 그러려니 생각한다. 심지어 중고등부 6년 동안 단 한 번도 수련회에 참석해본 적이 없는 아이들도 있다. 거기다가 낮은 출산율까지 겹쳐서 전국의 주일학교는 아이들이 줄어든다고 아우성이다.

이제는 한국 교회를 위기라고 말하지 않는 사람이 없다. 앞으로가 더 문제다. 아직 종교가 없는 젊은이들에게 종교 선호도를 조사하면 기독교는 항상 꼴찌를 벗어나지 못한다. 70년대에는 우후죽순처럼 너도나도 교회 개척에 뛰어들었지만 지금은 웬만해선 어려움을 감수하면서 개척하려 하지 않는다. 한때 목회자가 너무 많다고 아우성이었지만 몇 년 전부터는 새로 목사가 되는 사람보다 목사직에서 은퇴하는 사람이 더 많아졌다고 한다. 이 정도면 "부자 3대 못 간다"는 속담이 딱 들어맞고 있지 않은가?

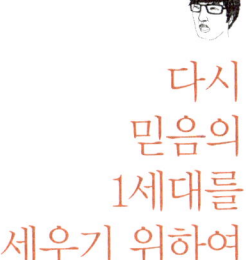

다시 믿음의 1세대를 세우기 위하여

    망해 가는 부자가 다시 거부가 되려면 혹독한 구조조정을 해야 한다. 씀씀이도 줄이고 처음 한 푼 두 푼 모으던 창업자의 초심으로 돌아가야 한다. 은과 금은 없으나 예수 이름을 붙들던 그 모습을 살려내야 한다. 세력이나 물질로 할 수 있는 일이 절대로 아니다. 간혹 한국 교회의 규모가 커졌으니 기독교 정당을 만들어 교회의 목소리를 내겠다는 뉴스를 듣는데 그러나 그나마 남은 재산마저 날려버리는 것은 아닌지 걱정된다.

    한국 교회가 과거의 영광을 회복하는 방법이 있다면, 다시 1세대를 일으켜 세우는 것뿐이다. 다시 뼈를 깎는 각오로 한 영혼을 사랑하는 것뿐이다. 규모와 숫자를 내세우며 우쭐거리던 오만을 벗어던지고 하나님 앞에 살려달라는 각오로 무릎 꿇는 기도만이 한국 교회를 살려낼 수 있을 것이다. 전도는 바로 이 1세대를 만들어내는 첫 걸음이다.

나의 기도 제목은 이렇다. 오늘 내 손으로 가르치는 아이들이 이 나라의 교회를 되살릴 영적 1세대가 되게 해달라는 것이다. 또 우리 청소년 사역자들의 손으로 새로운 영적 1세대를 일으켜 세울 수 있게 해달라고 기도한다. 한국 교회 곳곳마다 새로운 믿음의 1세대들이 불길처럼 일어나고, 다음 세대가 더 큰 영적 축복을 누리는 모습을 꿈꾸어본다.

믿음의 1세대 어머니의 간절한 기도

■ 〈좋은씨앗〉은 하나님의 말씀입니다. 이 말씀이 좋은 마음밭에 떨어져 하나님의 나라가 땅끝까지 확장되고 예수 그리스도를 본받아 그 향기를 품은 성령의 사람들이 세상에 넘쳐나길 기대합니다. 그래서 백 배, 육십 배, 삼십 배의 결실을 맺길 소망합니다(마 13:18). 천국은 좋은 씨를 제 밭에 뿌린 사람과 같기 때문입니다. 〈좋은씨앗〉은 이와 같은 소망과 기대를 품고 하나님께 출판 사역으로 쓰임 받기를 기도합니다.
■